BUKU PANDUAN BRIOCHE MUKTAMAD

Kuasai Seni Membakar Brioche Sempurna Setiap Masa

John Nurhaliza

Bahan Hak Cipta ©2024

Hak cipta terpelihara

Tiada bahagian buku ini boleh digunakan atau dihantar dalam apa jua bentuk atau dengan apa cara sekalipun tanpa kebenaran bertulis yang sewajarnya daripada penerbit dan pemilik hak cipta, kecuali petikan ringkas yang digunakan dalam semakan. Buku ini tidak boleh dianggap sebagai pengganti nasihat perubatan, undang-undang atau profesional lain.

ISI KANDUNGAN

ISI KANDUNGAN 3
PENGENALAN 7
BRIOCHE KLASIK 8
   1. Brioche Jalinan 9
   2. Sourdough Brioche 11
   3. Roti Brioche Miniatur 13
COKLAT BRIOCHE 16
   4. Roti Pagi Brioche Koko 17
   5. Brioche Coklat Klasik 22
   6. Coklat Brioche Babka 25
   7. Roti Brioche Coklat Ganda 28
   8. Brioche atau Chocolat Tanpa Gluten 31
   9. Coklat Brioche Chinois 34
BRIOCHE BEREMPAH 37
   10. Vanila brioche 38
   11. Kayu manis brioche 41
   12. Brioche lada Chile 44
   13. Brioche Berempah dengan Dadih Buckthorn 47
   14. Roti Palang Panas Brioche Berempah 49
   15. Roti Brioche Berempah Chai 52
   16. Gula Dan Rempah Brioche 55
   17. Roti Brioche Berempah Kunyit 58
   18. Brioche Pusaran Gula Kayu Manis 61
   19. Roti Brioche Kismis Pala 63
   20. Pelaga Orange Twist Brioche 65
   21. Roti Halia Brioche Roti 67
   22. Simpul Brioche Rempah Labu 69
   23. Pusaran Brioche Berempah Chai 71
   24. Muffin Brioche Cider Epal 73
   25. Bunga Vanila Pelaga Brioche 75
BRIOCHE SERANTAU 77
   26. Brioche Perancis Klasik 78
   27. Brioche Amerika 81
   28. Swiss Chocolate Chip Brioche 83
   29. Provençal Lemon-Lavender Brioche 86

30. SOUTHERN CINNAMON-PECAN BRIOCHE 89
31. BUAH PELAGA SCANDINAVIA-OREN BRIOCHE 92
32. ALSATIAN KUGELHOPF BRIOCHE 95
33. PROVENÇAL FOUGASSE BRIOCHE 97
34. SWEDISH SAFFRON BRIOCHE LUSSEKATTER 99
35. ITALI PANETTONE BRIOCHE 101
36. JAPANESE MATCHA MELONPAN BRIOCHE 103
37. MOROCCAN ORANGE BLOSSOM BRIOCHE 105
38. BUAH PELAGA INDIA DAN SAFFRON BRIOCHE 107
39. BRIOCHE COKLAT KAYU MANIS MEXICO 109

BUAH BRIOCHE 111
40. BRIOCHE BUAH DAN KACANG 112
41. ROTI KASTARD BRIOCHE DENGAN BUAH BATU DAN BASIL 114
42. ROTI BRIOCHE BUAH MARKISA COKLAT 117
43. KALUNGAN BRIOCHE BUAH MANISAN & WALNUT 120
44. BLUEBERRY LEMON BRIOCHE 123
45. RASPBERRY ALMOND BRIOCHE ROLLS 125
46. PEACH VANILA BRIOCHE TWIST 127
47. JALINAN BRIOCHE KEJU KRIM STRAWBERI 129
48. CHERRY ALMOND BRIOCHE SWIRLS 131
49. GULUNG BRIOCHE KELAPA MANGGA 133
50. BLACKBERRY LEMON CHEESECAKE BRIOCHE 135
51. KALUNGAN BRIOCHE CITRUS KIWI 137

VEGGIE BRIOCHE 139
52. BRIOCHES DE POMMES DE TERRE 140
53. GULUNG BRIOCHE SUMBAT BAYAM DAN FETA 142
54. LADA MERAH PANGGANG DAN TART BRIOCHE KEJU KAMBING 144
55. JALINAN BRIOCHE CENDAWAN DAN KEJU SWISS 146
56. ZUCCHINI DAN PARMESAN BRIOCHE FOCACCIA 148
57. TOMATO KERINGKAN MATAHARI DAN GULUNG BRIOCHE BASIL 150
58. ROTI BRIOCHE SUMBAT BROKOLI DAN CHEDDAR 152
59. BAWANG KARAMEL DAN GRUYÈRE BRIOCHE TART 154
60. KINCIR ARTICOK DAN PESTO BRIOCHE 156

CHEESY BRIOCHE 158
61. KEJU BRIOCHE 159
62. KEJU PEAR BRIOCHE 161

63. Tomato Kering Matahari dan Mozzarella Brioche ... 163
64. Simpul Brioche Parmesan dan Bawang Putih ... 165
65. Brioche Sumbat Bacon dan Cheddar ... 167
66. Jalapeño dan Pepper Jack Brioche Rolls ... 169
67. Gouda dan Herba Brioche ... 171
68. Keju Biru dan Kenari Brioche ... 173

NUTTY BRIOCHE ... 175
69. Brioche manis dengan kismis dan badam ... 176
70. Brioche Karamel Kacang Pecan ... 179
71. Badam dan Madu Brioche Rolls ... 181
72. Walnut dan Sirap Maple Brioche Knots ... 183
73. Pusaran Brioche Cip Coklat Hazelnut ... 185
74. Gajus dan Zat Oren Brioche ... 187
75. Simpul Brioche Jem Pistachio dan Raspberi ... 189
76. Kacang Macadamia dan Pusaran Brioche Kelapa ... 191
77. Hazelnut dan Espresso Glaze Brioche ... 193

FLORAL BRIOCHE ... 195
78. Brioche tepung jagung Lavender ... 196
79. Lavender Honey Brioche ... 198
80. Kelopak Mawar dan Simpul Brioche Pelaga ... 200
81. Oren Blossom dan Pistachio Brioche Swirls ... 202
82. Chamomile dan Lemon Zest Brioche ... 204
83. Teh Jasmine dan Peach Brioche Rolls ... 206
84. Simpul Brioche Bunga Raya dan Berry ... 208
85. Pusaran Brioche Violet dan Lemon ... 210
86. Elderflower dan Blueberry Brioche ... 212

CHALLAH BRIOCHE ... 214
87. Mesin Roti Challah ... 215
88. Mayonis Challah ... 217
89. Enam Jalinan Challah ... 219
90. Challah Tanpa Minyak ... 222
91. Kismis Challah ... 224
92. Challah Lembut ... 226
93. Asam Challah ... 229
94. Tahun Baru Challah ... 232
95. Challah yang disumbat ... 236

96. Sweet Challah 238
97. Sangat Mentega Challah 241
98. Air Challah 243
99. Chocolate Swirl Challah 245
100. Herba Savouri dan Keju Challah 247
PENUTUP **249**

PENGENALAN

Mulakan perjalanan ke dunia brioche yang lazat dengan "BUKU PANDUAN BRIOCHE MUKTAMAD," panduan komprehensif anda untuk menguasai seni membakar brioche yang sempurna setiap masa. Buku masakan ini ialah perayaan hidangan yang kaya, mentega dan lembut yang mentakrifkan pastri Perancis yang ikonik ini. Dengan resipi yang direka dengan pakar dan panduan langkah demi langkah, sudah tiba masanya untuk meningkatkan kemahiran membakar anda dan menikmati keseronokan mencipta brioch syurga di dapur anda sendiri.

Bayangkan aroma brioche yang baru dibakar memenuhi rumah anda, kerak emas memberi laluan kepada dalaman yang lembut dan lapang. "Buku Panduan Brioche Terbaik" adalah lebih daripada sekadar koleksi resipi; ia adalah tiket anda untuk menjadi peminat brioche, menguasai teknik dan memahami nuansa pastri klasik ini. Sama ada anda seorang tukang roti yang berpengalaman atau orang baru di dapur, resipi ini direka dengan teliti untuk membimbing anda dalam perjalanan yang lazat melalui dunia brioche.

Daripada roti brioche tradisional kepada kelainan inovatif dan variasi yang menarik, setiap resipi adalah bukti kepelbagaian dan keseronokan yang ditawarkan oleh brioche. Sama ada anda mengimpikan sarapan hujung minggu yang santai, makan tengah hari yang elegan atau minum petang yang menyeronokkan, buku panduan ini telah membantu anda.

Sertai kami sambil kami menyerlahkan seni penaik brioche, menerokai sains di sebalik peningkatan yang sempurna, keajaiban melapis mentega ke dalam doh, dan kegembiraan mencipta pastri yang merupakan keajaiban masakan dan bukti kehebatan anda membuat baking. Jadi, panaskan ketuhar anda, taburkan serbuk penggelek anda dan mari kita selami " BUKU PANDUAN BRIOCHE MUKTAMAD" untuk perjalanan menyempurnakan penaik dan keseronokan yang tulen.

BRIOCHE KLASIK

1. Brioche berjalin

BAHAN-BAHAN:
- ⅓ cawan Air
- 2 biji Telur besar
- 2 biji kuning telur besar
- ¼ paun Mentega atau marjerin
- 2½ cawan tepung serba guna
- 3 sudu besar Gula
- ½ sudu teh Garam
- 1 pek yis kering aktif

ARAHAN:

a) Tambah bahan ke dalam kuali mesin roti mengikut arahan pengeluar.

b) Pilih kitaran manis atau doh. 3. Pada penghujung kitaran, kikis doh pada papan yang disalut sedikit dengan tepung serba guna. Bahagikan doh kepada 3 bahagian sama banyak. Jika membuat roti 1½ paun, gulung setiap kepingan untuk membentuk tali kira-kira 12 inci panjang.

c) Untuk roti 2 paun, gulung setiap kepingan untuk membentuk tali kira-kira 14 inci panjang. Letakkan tali selari kira-kira 1 inci di atas loyang 14 x 17 inci yang telah disapu mentega.

d) Cubit tali pada satu hujung, jalin dengan longgar, kemudian cubit hujung jalinan.

e) Tutup roti sedikit dengan bungkus plastik dan biarkan berdiri di tempat yang hangat sehingga kembang, kira-kira 35 minit. Tanggalkan bungkus plastik.

f) Pukul 1 kuning telur besar untuk sebati dengan 1 sudu air. Sapu tocang dengan adunan telur.

g) Bakar tocang dalam ketuhar 350 F sehingga perang keemasan, kira-kira 30 minit. Sejukkan di atas redai sekurang-kurangnya 15 minit sebelum dihiris. Hidangkan panas, suam atau sejuk.

2. Sourdough Brioche

BAHAN-BAHAN:
- 3½ oz. (100 g) pemula masam gandum
- 3½ cawan (450 g) tepung gandum
- ⅔ cawan (75 ml) susu, suhu bilik 5¼ sudu teh (15 g) yis segar
- 5 biji telur
- ⅓ cawan (75 g) gula
- 1½ sudu besar (25 g) garam
- 1½ cawan (350 g) mentega tanpa garam, dilembutkan
- 1 biji telur untuk memberus

ARAHAN:

a) Campurkan doh dengan separuh daripada tepung gandum, susu, dan yis. Biarkan adunan mengembang lebih kurang 2 jam.

b) Masukkan semua bahan kecuali mentega dan gaul sebati. Kemudian, masukkan mentega sedikit demi sedikit — kira-kira ¼ cawan (50 g) pada satu masa. Uli sebati.

c) Tutup dengan kain dan biarkan doh mengembang lebih kurang 30 minit.

d) Bentukkan menjadi dua puluh roti kecil yang licin. Letakkan dalam acuan kek cawan dan biarkan mengembang sehingga mengembang dua kali ganda. Sapu roti dengan telur.

e) Bakar brioche pada suhu 400°F (210°C) selama kira-kira 10 minit.

3.Roti Brioche Miniatur

BAHAN-BAHAN:

PEMULA:
- 1 cawan (140 g) Tepung Roti Tanpa Gluten
- 2⅔ sudu teh (8 g) Yis Segera
- 1 sudu besar (12 g) Gula
- ½ cawan Susu, melecur dan disejukkan hingga 95°F
- ¼ cawan ditambah 2 sudu besar Air Suam (kira-kira 95°F)

doh:
- 3 cawan (420 g) Tepung Roti Tanpa Gluten
- 1 sudu teh (6 g) Garam Kosher
- 1½ sudu besar Madu
- 3 biji Telur Besar, pada suhu bilik, dipukul
- 11 sudu besar (154 g) Mentega Tanpa Masin, pada suhu bilik
- Basuh telur (1 Telur Besar, pada suhu bilik, dipukul dengan 1 sudu susu)

ARAHAN:

UNTUK PEMULA:

a) Dalam mangkuk bersaiz sederhana, pukul bersama bahan permulaan sehingga sebati. Campuran akan menjadi pekat dan tidak berbentuk.

b) Tutup mangkuk dan ketepikan di lokasi yang hangat dan bebas draf untuk mengembang sehingga dua kali ganda, yang mengambil masa kira-kira 40 minit.

c) Untuk Doh:

d) Bila starter mengembang dua kali ganda, buat doh. Letakkan tepung dan garam dalam mangkuk pengadun berdiri anda dan pukul untuk menggabungkan dengan baik.

e) Masukkan madu, telur, mentega, dan starter yang telah dibangkitkan ke dalam mangkuk. Gaul pada kelajuan rendah dengan cangkuk doh sehingga sebati.

f) Naikkan kelajuan pengadun kepada sederhana dan uli selama kira-kira 5 minit. Doh akan melekit tetapi harus licin dan elastik.

g) Sembur perlahan spatula silikon dengan semburan minyak masak dan kikis bahagian tepi mangkuk.

h) Pindahkan doh ke dalam mangkuk yang disapu sedikit minyak atau baldi kalis yang cukup besar untuk doh menjadi dua kali ganda. Tutupnya dengan sekeping bungkus plastik yang telah diminyaki (atau bahagian atas yang telah disapu minyak pada baldi kalis anda).
i) Letakkan doh di dalam peti sejuk selama sekurang-kurangnya 12 jam dan sehingga 5 hari.

PADA HARI MEMBAKAR:
j) Gris enam belas acuan brioche miniatur atau tin muffin standard dengan baik dan ketepikan di atas loyang berbingkai.
k) Balikkan doh ke atas permukaan yang ditaburkan sedikit tepung dan uli sehingga licin.
l) Bahagikan doh kepada enam belas bahagian yang sama dengan membahagikannya secara beransur-ansur. Bentuk setiap bahagian menjadi bulat, jadikan satu bahagian lebih kecil sedikit daripada yang lain. Letakkan bulat yang lebih kecil di atas yang lebih besar dalam setiap acuan, tekan sedikit untuk menjadikannya melekat.
m) Tutup acuan pada lembaran pembakar dengan bungkus plastik berminyak dan letakkannya di lokasi yang hangat dan bebas draf untuk mengembang sehingga dua kali ganda saiznya (kira-kira 1 jam).
n) Panaskan ketuhar anda hingga 350°F kira-kira 25 minit sebelum doh selesai mengembang.
o) Setelah roti mengembang dua kali ganda, keluarkan pembalut plastik, sapu bahagian atasnya dengan banyak dengan cucian telur, dan letakkan loyang di tengah-tengah ketuhar yang telah dipanaskan.
p) Bakar roti selama kira-kira 15 minit, atau sehingga ia berwarna perang sedikit keemasan, dan daftarkan 185°F di tengah pada termometer yang dibaca segera.
q) Biarkan roti sejuk sebentar sebelum dihidangkan. Nikmati Roti Brioche Miniatur anda!

COKLAT BRIOCHE

4.Roti Pagi Brioche Koko

BAHAN-BAHAN:
PRE-FERMENT
- 1⅓ cawan (160 g) tepung serba guna
- 1¼ cawan susu penuh
- 1 sudu besar. yis segera

doh
- 1 biji telur besar
- 1¾ cawan susu penuh
- 1 sudu besar. yis segera
- ⅔ cawan (133 g) gula pasir
- ½ cawan (42 g) serbuk koko tanpa gula
- 1 sudu besar. ditambah 1 sudu kecil. garam kosher
- 5½ cawan (687 g) tepung serba guna, ditambah lagi untuk permukaan
- 2 sudu besar mentega tanpa garam, suhu bilik, ditambah 2¼ cawan (4¼ batang) mentega tanpa garam, sejuk tetapi tidak sejuk

PENGISIAN DAN PERHIMPUNAN
- Mentega tanpa garam, suhu bilik, untuk kuali
- Gula mentah, untuk kuali
- ⅓ cawan (dibungkus, 66 g) gula perang gelap
- 1 sudu besar. serbuk kayu manis
- 1 sudu kecil. garam kosher
- ⅓ cawan (66 g) gula pasir, ditambah lagi untuk dilambung
- 3 oz. coklat gelap, dipecahkan kepada kepingan kecil
- 1 biji telur besar

ARAHAN:
PRE-FERMENT
a) Campurkan tepung, susu dan yis dalam mangkuk pengadun berdiri sehingga sebati (campuran akan menjadi nipis, seperti adunan). Biarkan mengembang, tidak bertutup, di tempat hangat sehingga mengembang dua kali ganda, kira-kira 1 jam.

doh
b) Masukkan telur, susu dan yis ke dalam pra-penapaian dan pasangkan pada pengadun berdiri. Muatkan dengan cangkuk doh dan pukul pada kelajuan rendah sehingga sebati.
c) Masukkan gula pasir, serbuk koko, garam, 5½ cawan (687 g) tepung serba guna, dan 2 sudu besar. mentega suhu bilik; gaul pada kelajuan rendah sehingga menjadi doh yang licin. Pindahkan doh ke dalam mangkuk besar, tutup dengan tuala dapur yang lembap, dan biarkan mengembang di tempat yang hangat sehingga mengembang dua kali ganda, kira-kira 1 jam.
d) Sementara itu, campurkan 2¼ cawan (4¼ batang) mentega sejuk dalam mangkuk bersih pengadun berdiri dengan lampiran dayung pada kelajuan rendah sehingga licin dan boleh disebarkan tetapi masih sejuk. Terbalikkan pada sehelai kertas parchment dan bentuk mentega menjadi segi empat tepat kecil dengan spatula offset. Tutup dengan helaian kertas parchment yang lain dan canai mentega ke segi empat tepat 16x12". Sejukkan mentega sehingga doh siap (anda ingin memastikan mentega sejuk tetapi mudah ditempa; jangan biarkan ia menjadi terlalu pejal).
e) Balikkan doh ke atas permukaan kerja yang ditaburkan dengan banyak tepung dan gulung menjadi segi empat tepat 24x12"; letakkan dengan sisi pendek menghadap anda. Buka tutup mentega dan letakkan di atas doh, lapiskan di sepanjang tepi dan tutup dua pertiga bahagian bawah doh.
f) Lipat sepertiga bahagian atas doh ke atas dan ke atas mentega, kemudian lipat sepertiga bahagian bawah ke atas dan ke atas (seperti huruf). Dengan cepat, tetapi perlahan-lahan, canai doh sekali lagi ke segi empat tepat 24x12", permukaan kerja yang ditaburkan dan penggelek seperti yang diperlukan untuk mengelakkan daripada melekat. (Jika pada bila-bila masa doh menjadi terlalu melekit untuk dikendalikan atau mentega

mula cair, sejukkan dalam peti sejuk 20 minit dan teguhkan sebelum meneruskan.)
g) Lipat doh menjadi tiga lagi, balut dengan kertas lilin atau plastik, dan sejukkan 1 jam.
h) Keluarkan doh dari peti sejuk dan ulangi canai dan lipat seperti di atas, sekali lagi. Potong doh yang dilipat menjadi 3 segi empat sama dan bungkus setiap satu dengan plastik. Sejukkan sehingga sedia untuk digunakan.
i) Lakukan lebih awal: Doh boleh dibuat 1 hari lebih awal. Simpan sejuk, atau bekukan sehingga 2 bulan.

PENGISIAN DAN PERHIMPUNAN

j) Apabila anda sudah bersedia untuk membakar roti, sapukan mentega pada cawan kuali muffin jumbo 6 cawan; taburkan setiap cawan dengan banyak gula mentah. Campurkan gula perang, kayu manis, garam dan ⅓ cawan (66 g) gula pasir dalam mangkuk kecil.
k) Bekerja dengan 1 keping doh, buka bungkus dan gulung ke segi empat tepat 12x6" kira-kira ¾" tebal. Potong menjadi enam segi empat tepat 6x2". Bermula ¼" dari atas bahagian pendek, potong 2 celah memanjang dalam segi empat tepat doh untuk menghasilkan 3 helai yang sama. Jalinkan helai dan taburkan dengan banyak campuran gula perang. Letakkan 2 atau 3 kepingan kecil coklat pada tocang dan gegelung, susun pada dirinya sendiri. Letakkan bun, tocang sebelah atas, dalam kuali muffin yang disediakan. Ulangi dengan baki 5 segi empat tepat. Anda akan mahu menggunakan satu pertiga daripada campuran gula perang dan satu pertiga daripada coklat, menyimpan baki campuran gula perang dan coklat untuk baki 2 keping doh.
l) Panaskan ketuhar hingga 375°. Tutup roti secara longgar dengan tuala dapur atau bungkus plastik dan biarkan mengembang sehingga kurang daripada dua kali ganda saiznya, kira-kira 30 minit. (Sebagai alternatif, biarkan roti mengembang di dalam peti sejuk semalaman dan bakar pada waktu pagi. Jika roti tidak naik dengan ketara dalam peti sejuk, biarkan pada suhu bilik 30–60 minit sebelum dibakar.)
m) Pukul telur dan 2 sudu kecil. air dalam mangkuk kecil. Sapu bahagian atas roti dengan basuhan telur dan bakar sehingga

bahagian atasnya kembang dan membentuk lapisan luar yang segar, kira-kira 35 minit. (Roti yang tidak dibentuk harus berbunyi sedikit kosong apabila diketuk.) Biarkan sejuk dalam kuali selama 2 minit, kemudian angkat perlahan-lahan keluar dari kuali dan pindahkan ke rak dawai. Biarkan sehingga roti cukup sejuk untuk dikendalikan.

n) Letakkan sedikit gula pasir dalam mangkuk sederhana. Bekerja satu demi satu, masukkan roti dalam gula dan kembalikan ke rak. Biarkan sejuk sepenuhnya.

o) Ulangi dengan baki kepingan doh, atau simpan baki adunan kayu manis dan kepingan coklat secara berasingan dalam bekas kedap udara pada suhu bilik sehingga sedia untuk membakar baki doh.

5.Brioche Coklat Klasik

BAHAN-BAHAN:
UNTUK DOH BRIOCHE:
- 2 3/4 cawan (330 g) tepung serba guna
- 1 1/2 sudu teh (4 g) yis segera
- 3 sudu besar (29 g) gula pasir
- 1 1/4 (7 g) sudu teh garam
- 4 telur besar (200 g), dipukul sedikit pada suhu bilik
- 1/4 cawan (57 g) susu penuh, pada suhu bilik
- 10 sudu besar (140 g) mentega tanpa garam, pada suhu bilik
- Basuh telur

UNTUK ISI COKLAT:
- 4 oz (113 g) mentega tanpa garam, pada suhu bilik
- 1/4 cawan (50 g) gula pasir
- 1/3 cawan (40 g) serbuk koko
- 1 sudu besar (21 g) madu
- 1/4 sudu teh (1.4 g) garam

ARAHAN:
UNTUK BRIOCHE:
a) Dalam mangkuk pengadun berdiri, satukan tepung, yis, gula dan garam. Masukkan telur dan susu. Gaul pada kelajuan sederhana selama 5 minit.
b) Kikis bahagian tepi, tambah tepung jika melekat, dan teruskan mengadun. Ulangi proses ini dua kali lagi.
c) Dengan pengadun pada tahap rendah, masukkan separuh daripada mentega dan kacau. Kikis dan masukkan mentega yang tinggal. Gaul sehingga elastik dan berkilat.
d) Pindahkan doh ke dalam mangkuk yang ditaburi tepung, tutup dan biarkan ia mengembang selama 1-2 jam. Tekan gas dan sejukkan semalaman.

UNTUK ISI COKLAT:
e) Menggunakan mixer, pukul mentega lembut sehingga berkrim. Masukkan gula dan pukul hingga kembang. Campurkan serbuk koko, madu, dan garam sehingga sebati.

UNTUK MEMASANG:
f) Bahagikan doh kepada empat bahagian. Gulungkan satu bahagian ke segi empat tepat 7" x 12".

g) Ratakan satu perempat daripada inti, tinggalkan sempadan 1/2". Gulung rapat ke dalam log. Ulang dengan kepingan lain.
h) Bekukan log selama 5 minit. Potong separuh memanjang, biarkan bahagian atas tidak dipotong. Tocang doh.
i) Berus dengan air, bentuk bulatan, dan picit hujungnya. Ulang dengan baki doh.
j) Bukti selama 1 jam. Panaskan ketuhar kepada 350°F/177°C.
k) Berus dengan basuh telur dan bakar sehingga perang keemasan, 20-25 minit.

6.Coklat Brioche Babka

BAHAN-BAHAN:
doh:
- 4 1/4 cawan (530 gram) tepung serba guna, ditambah tambahan untuk habuk
- 1/2 cawan (100 gram) gula pasir
- 2 sudu teh yis segera
- Kulit parut separuh oren
- 3 biji telur besar (dipukul sedikit)
- 1/2 cawan air (sejuk dan tambahan jika perlu)
- 3/4 sudu teh garam halus atau laut halus
- 2/3 cawan mentega tanpa garam (150 gram atau 5.3 auns), pada suhu bilik
- Bunga matahari atau minyak neutral lain, untuk melincirkan mangkuk

PENGISIAN:
- 4 1/2 auns (130 gram) coklat gelap yang baik (atau kira-kira 3/4 cawan cip coklat gelap)
- 1/2 cawan (120 gram) mentega tanpa garam
- Sedikit 1/2 cawan (50 gram) gula tepung
- 1/3 cawan (30 gram) serbuk koko
- Secubit garam
- 1/4 sudu teh kayu manis (pilihan)

SIRAP UNTUK GLAZING:
- 1/4 cawan air
- 4 sudu besar gula pasir

ARAHAN:
BUAT doh:
a) Dalam mangkuk pengadun berdiri anda, satukan tepung, gula dan yis.
b) Masukkan telur, 1/2 cawan air, dan kulit oren. Gaulkan dengan cangkuk doh sehingga sebati. Tambah air tambahan jika perlu.
c) Dengan pengadun rendah, tambah garam, kemudian mentega secara beransur-ansur. Gaul pada kelajuan sederhana selama 10 minit sehingga sebati.
d) Sapukan mangkuk besar dengan minyak, letakkan doh di dalamnya, tutup dengan bungkus plastik, dan sejukkan

sekurang-kurangnya setengah hari, sebaik-baiknya semalaman.

BUAT PENGISIAN:
e) Cairkan mentega dan coklat bersama sehingga sebati. Masukkan gula tepung, serbuk koko, garam, dan kayu manis jika mahu.
f) Ketepikan untuk sejuk.

MASUKKAN LOAVES:
g) Canai separuh daripada doh di atas kaunter yang ditaburkan sedikit dengan lebar 10 inci.
h) Sapukan separuh adunan coklat ke atas doh, tinggalkan sempadan 1/2 inci. Canai doh ke dalam log, tutup hujung yang dilembapkan.
i) Ulangi proses dengan separuh lagi doh.
j) Potong hujungnya, potong setiap batang kayu separuh memanjang, dan letakkannya bersebelahan antara satu sama lain di atas kaunter. Putar mereka bersama-sama.
k) Pindahkan setiap putaran ke dalam kuali roti yang disediakan. Tutup dan biarkan naik selama 1 hingga 1 1/2 jam pada suhu bilik.

BAKAR DAN HABISKAN ROTI:
l) Panaskan ketuhar kepada 375°F (190°C). Bakar selama 25-30 minit, semak kematangan.
m) Buat sirap ringkas dengan mereneh gula dan air sehingga larut. Sapu sirap ke atas babkas sebaik sahaja ia meninggalkan ketuhar.
n) Sejukkan separuh dalam kuali, kemudian pindahkan ke rak penyejuk untuk menyelesaikan penyejukan.
o) Babkas disimpan selama beberapa hari pada suhu bilik atau boleh dibekukan untuk penyimpanan lebih lama.

7. Roti Brioche Coklat Ganda

BAHAN-BAHAN:
doh BRIOCHE COKLAT:
- 2 1/2 cawan tepung serba guna
- 1/3 cawan serbuk koko tanpa gula
- 1/4 cawan gula pasir
- 2 1/4 sudu teh yis aktif (1 paket)
- 1 sudu teh garam
- 3/4 cawan susu penuh
- 1 biji telur besar
- 4 sudu besar mentega

ISI COKLAT:
- 4 sudu besar mentega, suhu bilik
- 1/3 cawan gula perang, dibungkus
- 1 sudu besar serbuk koko tanpa gula
- 1 sudu teh serbuk espresso
- 2 auns coklat gelap, dicincang halus

LAIN-LAIN:
- 2 sudu besar mentega, dilembutkan (untuk penyediaan kuali roti)
- 1 sudu besar gula pasir (untuk penyediaan kuali roti)

ARAHAN:
a) Dalam mangkuk besar, satukan 4 sudu besar mentega dan 3/4 cawan susu penuh. Panaskan sehingga mentega cair sepenuhnya.
b) Biarkan mentega dan susu sejuk antara 100-110 darjah. Tambah 1/4 cawan gula pasir dan 1 paket yis kering aktif. Biarkan selama kira-kira 10 minit sehingga yis berbuih dan berbuih.
c) Pukul 1 biji telur ke dalam mangkuk.
d) Ayak 2 1/2 cawan tepung serba guna, 1/3 cawan serbuk koko tanpa gula dan 1 sudu teh garam ke dalam mangkuk. Gaul sehingga doh mula terbentuk.
e) Pindahkan doh ke atas permukaan tepung dan uli selama kira-kira 5 minit.
f) Pindahkan doh ke dalam mangkuk kaca besar yang telah digris sedikit. Tutup rapat dengan bungkus plastik dan

biarkan selama 60-90 minit atau sehingga mengembang dua kali ganda.

g) Canai doh menjadi segi empat tepat yang besar. Sapukan 4 sudu besar mentega lembut ke seluruh permukaan.

h) Dalam hidangan kecil, satukan 1/3 cawan gula perang, 1 sudu besar serbuk koko tanpa gula dan 1 sudu teh serbuk espresso. Taburkan adunan ke atas seluruh permukaan, kemudian masukkan 2 auns coklat gelap yang dicincang halus.

i) Canai doh dengan ketat seperti gulungan kayu manis dan picit jahitan untuk mengelak. Letakkan doh yang telah digulung memanjang, kelim ke bawah.

j) Potong doh canai separuh dan tocang.

k) Sediakan loyang roti 9"x5" dengan menutup seluruh bahagian dalam dengan 2 sudu besar mentega lembut dan taburkan dengan 1 sudu besar gula pasir.

l) Pindahkan roti jalinan ke dalam kuali yang disediakan, selitkan hujungnya di bawah. Tutup dengan bungkus plastik dan biarkan ia berehat di tempat yang hangat selama 45 minit.

m) Panaskan ketuhar hingga 350 darjah. Setelah doh mengembang, bakar selama 25-28 minit sehingga bahagian atas terasa set dan padat apabila disentuh.

n) Pindahkan kuali roti ke rak penyejuk selama 10 minit, kemudian pindahkan roti terus ke rak untuk menyejukkan sepenuhnya. Nikmati brioche coklat berganda anda!

8. Brioche atau Coklat Tanpa Gluten

BAHAN-BAHAN:
DOH MANIS:
- 1¾ cawan (245g) adunan tepung roti tanpa gluten Kim
- ½ cawan (100g) gula pasir
- 1 sudu teh serbuk penaik
- 1 sudu besar ditambah ¾ sudu teh (12g) yis segera
- 1 sudu besar (5g) sekam psyllium keseluruhan (atau 1½ sudu teh serbuk sekam psyllium)
- ½ sudu teh garam halal
- ¾ cawan (180ml) susu penuh
- 6 sudu besar (85g) mentega, sangat lembut atau cair
- 1 biji telur besar, pada suhu bilik

KRIM PASTRI:
- ½ cawan (120ml) susu penuh
- ½ cawan (120ml) krim pekat
- 3 biji kuning telur besar
- ¼ cawan (50g) gula pasir
- 2 sudu besar (15g) tepung jagung
- 1 sudu teh ekstrak vanila, pes kacang vanila, atau 1 biji vanila, biji dikikis
- 1 sudu besar mentega, dilembutkan

PERHIMPUNAN:
- 4 oz (113g) coklat separuh manis atau gelap, dicincang kasar
- ¼-½ sudu teh kayu manis tanah, pilihan

ARAHAN:
BUAT doh:
a) Satukan semua bahan dalam mangkuk adunan besar dan pukul atau uli selama 5 minit sehingga sebati.
b) Biarkan doh kalis sehingga mengembang dua kali ganda, 1-2 jam. Sejukkan doh sekurang-kurangnya 6 jam, sebaik-baiknya semalaman.

BUAT KRIM PASTRI:
c) Panaskan susu penuh dan krim pekat sehingga mendidih. Pukul kuning telur, gula, tepung jagung, dan vanila sehingga pekat dan seperti reben.

d) Perlahan-lahan tuangkan sedikit adunan susu ke dalam adunan kuning telur, pukul dengan kuat. Masukkan baki susu perlahan-lahan.
e) Tuang semula adunan ke dalam periuk dan pukul sentiasa sehingga pekat.
f) Keluarkan dari api, pukul mentega dan vanila. Sejukkan dengan bungkus plastik menyentuh krim.

UNTUK MEMASANG GULUNG:
g) Uli sebentar doh di atas permukaan yang bertepung hingga rata.
h) Gulung menjadi segi empat tepat 10x14 inci kira-kira ¼ inci tebal.
i) Sapukan krim pastri yang telah disejukkan ke atas doh. Taburkan coklat cincang dan kayu manis (jika suka).
j) Gulung rapat, gaya gulung jeli. Regangkan log sedikit lebih lama dari tengah.
k) Potong kepada 8 bahagian yang sama. Jika terlalu melekit, bekukan selama 10 minit.
l) Letakkan gulung dalam hidangan pembakar, tutup, dan biarkan naik dua kali ganda, 30 minit hingga satu jam.
m) Panaskan ketuhar hingga 350°F.
n) Keluarkan bungkus plastik dan bakar selama kira-kira 30 minit atau sehingga perang keemasan.
o) Hidangkan hangat. Nikmati brioche au chocolat bebas gluten anda!

9. Coklat Brioche Chinois

BAHAN-BAHAN:
UNTUK DOH BRIOCHE:
- 375g tepung
- 8g garam
- 40g gula
- 15g yis pembakar segar
- 4 biji telur keseluruhan, pada suhu bilik
- 190g mentega tanpa garam, dilembutkan
- 2 sudu besar air, suam

UNTUK PENGISIAN:
- 300g krim vanilla pâtissière
- 3cl rum gelap
- 150g cip coklat gelap

UNTUK PENAMAT:
- 1 biji kuning telur (untuk glaze)
- Gula aising

ARAHAN:
BUAT doh BRIOCHE:
a) Satukan tepung, gula, dan garam dalam penerima pengadun berdiri.
b) Cairkan yis dalam air suam dan ketepikan.
c) Letakkan telur di tengah tepung dan uli dengan cangkuk doh sehingga menjadi doh.
d) Masukkan baki telur dan uli sehingga doh menjadi licin.
e) Masukkan mentega lembut dan yis cair, uli hingga rata.
f) Biarkan doh terbukti sehingga mengembang dua kali ganda (1.5 hingga 2 jam).
g) Sejukkan doh sekurang-kurangnya 6 jam, sebaik-baiknya semalaman.

BUAT KRIM PASTRI:
h) Panaskan susu penuh dan krim pekat sehingga mendidih.
i) Pukul kuning telur, gula, tepung jagung, dan vanila hingga pekat.
j) Perlahan-lahan tuangkan sedikit adunan susu ke dalam adunan kuning telur, pukul dengan kuat.
k) Tuang semula adunan ke dalam periuk, pukul sentiasa hingga pekat.

l) Pukul mentega dan vanila, kemudian sejukkan dengan bungkus plastik menyentuh krim.

MASUKKAN BRIOCHE:
m) Bahagikan doh kepada dua bahagian, satu seberat 200 gram dan satu lagi kira-kira 600 gram.
n) Canai bahagian yang lebih kecil untuk melapik bahagian bawah loyang kek bulat.
o) Canai bahagian yang lebih besar menjadi segi empat tepat dan sapukan krim pastri, cip coklat, kemudian gulungkannya.
p) Potong gulung kepada 7 bahagian yang sama dan susun dalam tin kek.
q) Biarkan menjadi bukti sehingga gulung memenuhi loyang.
r) Lap permukaan dengan cucian telur dan bakar pada suhu 180°C selama kira-kira 25 minit.
s) Taburkan gula aising apabila sejuk.

BRIOCHE BEREMPAH

10. Brioche vanila

BAHAN-BAHAN:
- 3 Sampul surat yis kering aktif
- ½ cawan susu suam (kira-kira 110 Darjah)
- 1 biji vanila, belah
- 5 cawan Tepung
- 6 biji telur
- ½ cawan air suam (110 darjah)
- 3 sudu besar Gula
- 2 sudu teh Garam
- 3 batang ditambah 2 sudu besar
- Mentega, suhu bilik
- 1 kuning telur, dipukul

ARAHAN:

a) Panaskan ketuhar hingga 400 darjah F. Satukan yis dan susu dalam mangkuk kecil dan kacau untuk melarutkan yis.

b) Masukkan 1 cawan tepung dan gaul hingga sebati. Dengan menggunakan pisau, kikis kacang vanila dan kacau pulpa ke dalam campuran yis.

c) Biarkan duduk pada suhu bilik di tempat yang hangat dan bebas draf selama kira-kira 2 jam untuk membolehkan penapaian.

d) Masukkan 2 cawan tepung ke dalam mangkuk adunan yang besar. Masukkan 4 daripada telur, satu demi satu, pukul dengan teliti ke dalam tepung menggunakan sudu kayu dengan setiap penambahan Doh akan menjadi melekit, pekat, dan span.

e) Masukkan air, gula, garam dan gaul rata, pukul kuat. Masukkan 3 batang mentega dan masukkan ke dalam doh menggunakan tangan sehingga sebati Masukkan baki 2 biji telur dan gaul rata ke dalam doh. Masukkan baki 2 cawan tepung dan campurkan ke dalam doh, pecahkan sebarang ketulan dengan jari anda. Masukkan campuran yis.

f) Dengan menggunakan tangan, uli dan lipat starter ke dalam doh. Teruskan menguli dan lipat sehingga semua sebati, kira-kira 5 minit. Doh akan melekit dan lembap. Tutup dengan kain bersih dan biarkan mengembang di tempat yang hangat dan bebas draf sehingga ia mengembang dua kali ganda, kira-kira 2 jam.

g) Untuk membuat roti, sedikit mentega dua kuali roti 9x5x3 inci dengan baki 2 sudu mentega. Untuk membuat gulung, mentega 12 cawan muffin bersaiz standard. Dengan jari anda, tumbuk perlahan-lahan doh. Bahagikan doh kepada 2 bahagian yang sama dan masukkan ke dalam kuali.

h) Untuk gulung, bahagikan doh kepada 12 bahagian yang sama dan masukkan ke dalam cawan muffin. Sapu bahagian atas dengan kuning telur. Tutup dan biarkan mengembang di tempat yang hangat dan bebas draf sehingga saiznya menjadi dua kali ganda, kira-kira 1 jam.

i) Bakar roti selama 25 hingga 30 minit dan gulung selama 20 minit, atau sehingga perang keemasan. Keluarkan kuali dari ketuhar dan sejukkan pada rak dawai. Pusingkan roti atau gulung keluar dari kuali dan sejukkan sepenuhnya di atas rak dawai.

11.Brioche kayu manis

BAHAN-BAHAN:
- 1 pek yis kering
- 1 sudu besar Gula
- ¼ cawan susu suam
- 2 cawan Tepung
- 1 sudu teh Garam
- ¼ cawan mentega beku, potong
- 2 biji telur
- 2 sudu besar mentega cair
- 2 sudu besar Gula dicampur dengan
- 2 sudu teh Kayu Manis

ARAHAN:
a) Taburkan kismis di atas gula kayu manis, sebagai contoh. Atau taburkan doh yang digulung dengan cip coklat lipat dengan cara yang sama dan anda akan mendapat pain au chocolat yang enak. Atau sapukan doh dengan apa-apa jenis jem buah ... anda mendapat gambar.

b) Satukan yis, gula dan susu dalam mangkuk kecil. Ketepikan untuk bukti.

c) Dalam pemproses makanan satukan tepung, garam dan mentega dan nadi untuk memotong mentega dengan halus. Masukkan campuran yis dan nadi lagi, kemudian masukkan telur dan proses sehingga doh berkumpul dalam bola yang keluar dengan bersih dari sisi mangkuk kerja dan menunggang di atas bilah. Proses 1 minit. Kemudian keluarkan bola ke papan yang ditaburkan dengan sedikit tepung dan uli 1-2 minit sehingga rata.

d) Bentukkan doh dalam bebola licin dan masukkan ke dalam mangkuk yang telah disapu sedikit minyak, putar untuk menyaluti semua sisi bebola. Tutup longgar dengan bungkus plastik. Ketepikan di tempat yang hangat untuk mengembang sehingga naik dua kali ganda secara pukal, kira-kira 1½ hingga 2 jam.

e) Sebagai alternatif, letakkan bebola doh yang diuli dalam beg makanan plastik yang tertutup rapat dan sejukkan semalaman. Doh akan naik perlahan-lahan dalam beg makanan plastik dan hanya perlu dibawa ke suhu bilik sebelum dilancarkan.

f) Bila dah naik, tumbuk doh dan leperkan menjadi segi empat tepat. Di atas papan yang ditaburi sedikit tepung, canai hingga ½" tebal. Jika doh adalah segi empat sama, potong separuh. Sapu permukaan atas dengan mentega cair dan taburkan dengan gula kayu manis. Lipat sisi panjang doh segi empat tepat ⅔ merentas doh.

g) Lipat baki ⅓ doh seperti dalam huruf. Sapu bahagian atas dengan mentega dan taburkan lagi dengan gula kayu manis. Potong 2" bahagian lebar, pindahkan ke dalam loyang yang tidak digris. Biarkan naik lagi sehingga kembang, 15-20 minit.

h) Bakar pada suhu 350'F. 20-30 minit, sehingga coklat muda.

12. Brioche lada Chile

BAHAN-BAHAN:
- 3½ cawan tepung serba guna
- 1 pek yis kering aktif
- ½ sudu teh Cili merah kering dikisar
- 1 sudu besar air suam
- 1½ sudu besar Gula
- 1½ sudu teh Garam
- ½ sudu teh lada hitam yang baru dikisar
- ¼ cawan lada loceng merah; dikisar, dikisar, dibakar & dikupas, pada suhu bilik
- ½ paun mentega lembut tanpa garam; potong kecil, tambah
- 2 sudu besar mentega lembut tanpa garam
- ⅓ cawan cincang; cili poblano yang dipanggang dan segar dikupas pada suhu bilik
- 5 biji telur pada suhu bilik
- 2 sudu besar Susu

ARAHAN:

a) Dalam mangkuk pengadun elektrik dengan lampiran dayung, satukan tepung, gula, yis, garam, cili kisar dan lada hitam; pukul dengan baik. Gaul sebentar pada kelajuan rendah. Tingkatkan kelajuan kepada sederhana dan tambah air, susu, cili poblano dan lada benggala; pukul dengan baik.

b) Masukkan telur, satu demi satu, gaul rata selepas setiap penambahan. Tukar kepada cangkuk doh, dan uli selama tiga minit.

c) Doh akan menjadi sangat melekit. Masukkan mentega ke dalam doh, satu keping pada satu masa, dan teruskan menguli sehingga doh licin dan berkilat dan mentega digabungkan sepenuhnya, 10-20 minit. Pindahkan doh ke dalam mangkuk yang disapu sedikit mentega dan balik-balikkan doh untuk menyalutinya dengan mentega.

d) Tutup mangkuk dengan bungkus plastik dan biarkan doh mengembang di tempat yang hangat sehingga ia mengembang dua kali ganda secara pukal, kira-kira tiga jam. Tebuk doh dan terbalikkan ke atas permukaan yang ditaburi sedikit tepung.

e) Uli dengan tangan yang banyak tepung selama lima minit. Kembali ke mangkuk yang telah disapu mentega dan balikkan doh untuk menyalut sama rata; tutup dan sejukkan doh sekurang-kurangnya enam jam atau semalaman di dalam peti sejuk.

f) Keluarkan doh dari peti sejuk dan bentukkan doh sejuk menjadi dua roti kecil.

g) Letakkan dalam dua loyang roti bersaiz 4x9 inci yang telah disapu mentega, tutup dengan tuala teh, dan biarkan mengembang di tempat yang hangat sehingga doh memenuhi loyang roti dan tidak tumbuh kembali apabila ditekan perlahan-lahan, kira-kira satu jam. Panaskan ketuhar hingga 375 darjah.

h) Bakar roti di tengah-tengah ketuhar sehingga ia keemasan dan bunyi berongga apabila diketuk, kira-kira 30 minit.

i) Keluarkan roti dari ketuhar dan balikkannya ke rak dawai untuk menyejukkan.

13. Brioche Berempah dengan Dadih Buckthorn

BAHAN-BAHAN:
- 1/2 roti brioche
- 125g gula halus
- 25g buah pelaga tanah
- 20g kayu manis tanah
- 5g buah pala dikisar
- 2 sudu besar minyak biji sesawi
- Dadih Buckthorn:
- 35ml jus buckthorn laut
- 185g gula halus
- 1 biji telur
- 55g mentega masin
- 10g tepung jagung

ARAHAN:
a) Jus sea buckthorn curam dengan 100g gula selama 30 minit.
b) Satukan campuran buckthorn dalam kuali sejuk dengan bahan-bahan yang tinggal, pukul dengan api sederhana selama 6 minit.
c) Keluarkan dari api, pukul selama satu minit tambahan.
d) Pastikan suhu antara 80-85°C dan sejuk dengan penutup untuk mengelakkan kulit daripada terbentuk.
e) Panaskan ketuhar hingga 180°C/tanda gas 4.
f) Potong roti brioche dan potong 8 kiub berukuran 4 x 4cm setiap satu.
g) Campurkan semua bahan brioche berempah (tidak termasuk brioche) hingga sebati.
h) Goreng kiub brioche dalam sedikit minyak biji lobak sehingga keemasan pada setiap sisi.
i) Canai kiub dalam adunan gula berempah.
j) Letakkan di atas loyang dan bakar selama 10-15 minit atau sehingga keperangan.
k) Hidangkan kiub brioche berempah hangat dengan mangkuk kecil dadih buckthorn yang disediakan untuk dicelup.

14. Roti Palang Panas Brioche Berempah

BAHAN-BAHAN:
doh
- 600 g tepung biasa ditambah lagi untuk menguli
- 75 g gula kastor
- 1 sudu kecil garam
- 7 g mudah bakar yis segera
- 2 sudu kecil kayu manis tanah
- 1/2 sudu kecil lada sulah
- 1/2 sudu kecil halia kisar
- 1/4 sudu teh pala tanah
- 125 ml susu keseluruhan atau separuh skim
- 4 biji telur besar dipukul
- 150 g sultana
- 175 g mentega tanpa garam suhu bilik
- 80 g kulit campuran
- 2 biji oren - kulit

MENYEBERANG
- 100 g tepung biasa
- 90 ml air

SAYU
- 2 sudu besar gula halus
- 2 sudu besar air masak

ARAHAN:
UNTUK doh:
a) Masukkan tepung, gula, garam, yis dan rempah ke dalam mangkuk besar dan gaul bersama spatula silikon sehingga sebati. Kemudian buat perigi di tengah dan tuangkan susu dan telur yang telah dipukul. Gaulkan dengan spatula hingga menjadi doh yang kasar. Kemudian, tepung permukaan kerja anda dan keluarkan doh dari mangkuk, uli selama 5 minit sehingga doh mempunyai kulit yang licin. Kemudian biarkan berehat selama lima minit.
b) Sementara itu, letakkan sultana dalam mangkuk kecil kalis panas dan tutup dengan air mendidih. Kemudian ketepikan.
c) Masukkan mentega ke dalam doh, satu sudu pada satu masa, uli semasa anda pergi supaya mentega digabungkan sepenuhnya. Anda perlu mengapung semula permukaan kerja

anda beberapa kali sepanjang masa, kerana doh akan menjadi sangat melekit. (Jika anda mempunyai pengikis doh, ini juga akan membantu untuk menggerakkan doh.) Proses ini perlu mengambil masa sekitar 10-15 minit.

d) Setelah semua mentega sebati, teruskan menguli doh selama 10 minit lagi sehingga doh licin dan lentur serta tidak melekit lagi.

e) Toskan sultana dengan teliti, kemudian campurkan kulit campuran dan kulit oren. Kemudian ratakan sedikit doh dan taburkan ke atas buah. Uli doh bersama sedikit untuk menggabungkan buah dengan baik - doh akan menjadi sedikit basah. Tuangkan sedikit minyak dalam mangkuk besar, letakkan doh di dalam dan tutup dengan filem berpaut. Biarkan ini terbukti selama sekurang-kurangnya satu jam di tempat yang hangat, sehingga doh mengembang dua kali ganda.

f) Tundukkan doh terbukti anda ke atas permukaan kerja yang ditaburkan sedikit tepung dan ketuk ke belakang sedikit untuk mengeluarkan udara. Kemudian bahagikan kepada 12 bahagian yang sama dan gulung menjadi bebola. Letakkan bebola di atas dulang pembakar beralas dengan sedikit ruang untuk membesar. Kemudian biarkan selama 45 minit di tempat yang hangat, sehingga mengembang. Sementara itu, panaskan ketuhar pada suhu 220C/200C Tanda Kipas/Gas 7.

UNTUK SALIB:

g) Semasa roti terbukti, buat pes dengan menggabungkan tepung dan air dalam mangkuk kecil sehingga sebati. Kemudian masukkan ke dalam piping bag dan potong hujungnya untuk membuat lubang sederhana.

h) Setelah roti terbukti, paipkan garis menegak dan mendatar pada setiap bun. Kemudian bakar selama 20 minit sehingga perang keemasan.

UNTUK GLAZE:

i) Setelah roti hampir habis dibakar, satukan air mendidih dan gula dalam mangkuk kecil.

j) Keluarkan roti dari ketuhar, kemudian gunakan berus pastri, sapu sayu semasa masih panas.

k) Kemudian biarkan sejuk di atas rak penyejuk.

15. Roti Brioche Berempah Chai

BAHAN-BAHAN:
UNTUK BRIOCHE:
- 250ml (1 cawan) susu
- 1 1/2 sudu besar teh chai daun lepas
- 6 biji buah pelaga, lebam
- 1 batang kayu manis
- bunga lawang 2
- 2 sudu kecil kulit oren parut halus
- 7g sachet yis kering
- 70g (1/3 cawan) gula kastor mentah
- 2 biji telur
- 400g (2 2/3 cawan) tepung roti biasa
- 100g mentega, pada suhu bilik, potong 1cm

UNTUK PENGISIAN:
- 150g pistachio, dibakar ringan
- 150g mentega, pada suhu bilik
- 70g (1/3 cawan) gula kastor mentah
- 55g (1/4 cawan) gula perang yang dibungkus padat
- 80g tepung biasa
- 2 sudu kecil halia kisar
- 2 sudu kecil kayu manis tanah
- 1/4 sudu kecil buah pelaga
- 1/4 sudu kecil bunga cengkih kisar
- 1 sudu besar biji popia

UNTUK GLAZE:
- 2 sudu besar gula kastor mentah
- 2 sudu besar air
- 2 sudu teh teh chai daun lepas

ARAHAN:
SUSU YANG DIINFUSKAN CHAI:
a) Satukan susu, teh chai, buah pelaga, kayu manis, bunga lawang dan kulit oren dalam periuk.
b) Didihkan, kemudian reneh selama 2 minit. Ketepikan selama 15 minit untuk meresap dan sejuk sedikit. Tapis melalui ayak ke dalam jag.

CAMPURAN YIS:
c) Pukul yis dan 1 sudu besar gula ke dalam adunan susu.

d) Biarkan selama 10 minit sehingga berbuih. Kacau dalam telur.

doh BRIOCHE:
e) Proses tepung dan baki gula sehingga sebati.
f) Masukkan adunan susu dan proses sehingga doh sebati.
g) Dengan motor berjalan, masukkan mentega secara beransur-ansur sehingga menjadi doh yang lembut dan melekit.
h) Balikkan doh ke atas permukaan tepung, uli hingga rata, dan biarkan selama 1 jam hingga mengembang dua kali ganda.

PENGISIAN:
i) Proses pistachio sehingga dicincang halus.
j) Masukkan mentega, gula, tepung, halia, kayu manis, buah pelaga, dan bunga cengkih. Proses sehingga sebati.

MEMASANG DAN MEMBUKTIKAN:
k) Canai doh menjadi segi empat tepat 50cm x 30cm.
l) Sapukan inti dan taburkan dengan biji popia.
m) Gulung ke dalam kayu balak, potong separuh memanjang, dan bahagian silang silang untuk kesan pusingan.
n) Letakkan dalam kuali roti yang telah digris, tutup, dan buktikan selama 45 minit.

MEMBAKAR:
o) Panaskan ketuhar kepada 180C/160C kipas paksa.
p) Bakar selama 55 minit hingga 1 jam atau sehingga kekuningan dan lidi keluar bersih.

CHAI GLAZE:
q) Dalam periuk, satukan gula, air, dan teh chai. Reneh sehingga gula larut dan adunan sedikit pekat.
r) Sapu roti panas dengan sayu chai.
s) Biarkan ia sejuk sedikit dalam kuali selama 15 minit sebelum dihidangkan hangat.

16. Gula Dan Rempah Brioche

BAHAN-BAHAN:
UNTUK DOH BRIOCHE:
- 2 1/4 cawan (315g) tepung serba guna
- 2 1/4 cawan (340g) tepung roti
- 1 1/2 bungkusan (3 1/4 sudu teh) yis kering aktif
- 1/2 cawan ditambah 1 sudu besar (82g) gula
- 1 sudu besar garam
- 1/2 cawan (120g) air sejuk
- 5 biji telur besar
- 1 cawan ditambah 6 sudu besar (2 3/4 batang/310g) mentega tanpa garam pada suhu bilik, potong kira-kira 12 bahagian

UNTUK TOPPING:
- 1/2 cawan (100g) gula
- 1/2 sudu kecil kayu manis tanah
- 1/4 sudu kecil halia kisar
- 1/4 sudu teh pala tanah
- Cubit bunga cengkih yang dikisar
- secubit garam
- 1/4 cawan (56g) mentega tanpa garam, cair

ARAHAN:
UNTUK DOH BRIOCHE:
a) Dalam pengadun berdiri yang dipasang dengan cangkuk doh, satukan tepung serba guna, tepung roti, yis, gula, garam, air dan telur.
b) Pukul pada kelajuan rendah selama 3 hingga 4 minit sehingga bahan menjadi sebati.
c) Teruskan memukul pada kelajuan rendah selama 3 hingga 4 minit lagi; doh akan menjadi keras dan kering.
d) Pada kelajuan rendah, tambah mentega satu keping pada satu masa, memastikan setiap bahagian bercampur sepenuhnya sebelum menambah yang seterusnya.
e) Gaul pada kelajuan rendah selama kira-kira 10 minit, sekali-sekala mengikis bahagian tepi dan bawah mangkuk.
f) Tingkatkan kelajuan kepada sederhana; pukul selama 15 minit sehingga doh likat, lembut dan berkilat.
g) Tingkatkan kelajuan kepada sederhana tinggi; pukul selama kira-kira 1 minit sehingga doh mempunyai keanjalan.

h) Letakkan doh dalam mangkuk besar yang telah disapu minyak, tutup dengan bungkus plastik, dan biarkan ia bukti di dalam peti sejuk selama sekurang-kurangnya 6 jam atau semalaman. Doh boleh dibekukan pada ketika ini sehingga 1 minggu.

UNTUK BRIOCHE BUNS:
i) Keluarkan separuh daripada doh apabila bersedia untuk membuat roti.
j) Lapik 10 cawan tin muffin standard 12 cawan dengan pelapik kertas atau mentega dan tepung dengan banyaknya.
k) Di atas permukaan yang ditaburkan tepung, tekan doh menjadi segi empat tepat 10 inci x 5 inci.
l) Potong doh kepada 10 jalur 1 inci x 5 inci yang sama, kemudian potong setiap jalur kepada 5 bahagian, menghasilkan 50 petak.
m) Letakkan 5 petak dalam setiap cawan muffin, tutup dengan bungkus plastik, dan biarkan ia naik di tempat yang hangat selama kira-kira 1 1/2 jam sehingga kembang dan lembut.
n) Panaskan ketuhar hingga 350°F; bakar selama 25 hingga 35 minit sehingga perang keemasan.
o) Biarkan roti sejuk selama 5 hingga 10 minit di atas rak dawai.

UNTUK TOPPING:
p) Satukan gula, rempah, dan garam dalam mangkuk kecil.
q) Sapu bahagian atas roti dengan mentega cair dan gulungkan ke dalam adunan gula untuk disalut sekata.
r) Roti paling baik dihidangkan dalam masa 4 jam selepas dibakar. Ia boleh disimpan dalam bekas kedap udara sehingga 1 hari, kemudian dipanaskan semula dalam ketuhar 300°F selama 5 minit.

17. Roti Brioche Berempah Kunyit

BAHAN-BAHAN:
UNTUK DOH BRIOCHE:
- 2 1/4 cawan (315g) tepung serba guna
- 2 1/4 cawan (340g) tepung roti
- 1 1/2 bungkusan (3 1/4 sudu teh) yis kering aktif
- 1/2 cawan ditambah 1 sudu besar (82g) gula
- 1 sudu besar garam
- 1/2 cawan (120g) air sejuk
- 5 biji telur besar
- 1 cawan ditambah 6 sudu besar (2 3/4 batang/310g) mentega tanpa garam pada suhu bilik, potong kira-kira 12 bahagian
- 1 1/2 sudu kecil kunyit kisar (untuk warna cerah dan rempah halus)

UNTUK TOPPING:
- 1/2 cawan (100g) gula
- 1/2 sudu kecil kayu manis tanah
- 1/4 sudu kecil halia kisar
- 1/4 sudu teh pala tanah
- Cubit bunga cengkih yang dikisar
- secubit garam
- 1/4 cawan (56g) mentega tanpa garam, cair

ARAHAN:
UNTUK DOH BRIOCHE:
a) Dalam pengadun berdiri yang dipasang dengan cangkuk doh, satukan tepung serba guna, tepung roti, yis, gula, garam, air, telur dan kunyit kisar.
b) Pukul pada kelajuan rendah selama 3 hingga 4 minit sehingga bahan menjadi sebati.
c) Teruskan memukul pada kelajuan rendah selama 3 hingga 4 minit lagi; doh akan menjadi keras dan kering.
d) Pada kelajuan rendah, tambah mentega satu keping pada satu masa, memastikan setiap bahagian bercampur sepenuhnya sebelum menambah yang seterusnya.
e) Gaul pada kelajuan rendah selama kira-kira 10 minit, sekali-sekala mengikis bahagian tepi dan bawah mangkuk.
f) Tingkatkan kelajuan kepada sederhana; pukul selama 15 minit sehingga doh likat, lembut dan berkilat.

g) Tingkatkan kelajuan kepada sederhana tinggi; pukul selama kira-kira 1 minit sehingga doh mempunyai keanjalan.
h) Letakkan doh dalam mangkuk besar yang telah disapu minyak, tutup dengan bungkus plastik, dan biarkan ia bukti di dalam peti sejuk selama sekurang-kurangnya 6 jam atau semalaman. Doh boleh dibekukan pada ketika ini sehingga 1 minggu.

UNTUK BRIOCHE BUNS:
i) Keluarkan separuh daripada doh berempah kunyit apabila sedia untuk membuat roti.
j) Lapik 10 cawan tin muffin standard 12 cawan dengan pelapik kertas atau mentega dan tepung dengan banyaknya.
k) Di atas permukaan yang ditaburkan tepung, tekan doh menjadi segi empat tepat 10 inci x 5 inci.
l) Potong doh kepada 10 jalur 1 inci x 5 inci yang sama, kemudian potong setiap jalur kepada 5 bahagian, menghasilkan 50 petak.
m) Letakkan 5 petak dalam setiap cawan muffin, tutup dengan bungkus plastik, dan biarkan ia naik di tempat yang hangat selama kira-kira 1 1/2 jam sehingga kembang dan lembut.
n) Panaskan ketuhar hingga 350°F; bakar selama 25 hingga 35 minit sehingga perang keemasan.
o) Biarkan roti sejuk selama 5 hingga 10 minit di atas rak dawai.
p) Satukan gula, rempah, dan garam dalam mangkuk kecil.
q) Sapu bahagian atas roti dengan mentega cair dan gulungkan ke dalam adunan gula untuk disalut sekata.

18. Brioche Pusaran Gula Kayu Manis

BAHAN-BAHAN:
- 3 1/4 cawan tepung serba guna
- 1/4 cawan gula pasir
- 1 sudu teh garam
- 1 paket yis kering aktif
- 1/2 cawan susu suam
- 3 biji telur besar
- 1 cawan mentega tanpa garam, dilembutkan
- 1/2 cawan gula perang
- 2 sudu besar kayu manis kisar

ARAHAN:
a) Dalam mangkuk, satukan susu suam dan yis. Biarkan selama 5 minit sehingga berbuih.
b) Dalam mangkuk besar, campurkan tepung, gula pasir, dan garam. Masukkan adunan yis dan telur, uli hingga rata.
c) Masukkan mentega lembut dan uli sehingga doh menjadi kenyal.
d) Tutup dan biarkan ia mengembang sehingga dua kali ganda saiznya.
e) Canai doh, sapukan gula merah dan kayu manis, kemudian canai ke dalam loyang.
f) Potong bahagian, masukkan dalam kuali yang telah digris dan biarkan naik semula.
g) Bakar pada suhu 350°F (175°C) selama 25-30 minit.

19.Roti Brioche Kismis Pala

BAHAN-BAHAN:
- 4 cawan tepung roti
- 1/4 cawan gula
- 1 sudu teh garam
- 1 paket yis segera
- 1 cawan susu suam
- 3 biji telur besar
- 1/2 cawan mentega tanpa garam
- 1/2 cawan kismis
- 1 sudu teh pala tanah

ARAHAN:
a) Satukan tepung, gula dan garam dalam mangkuk.
b) Campurkan susu suam, yis, dan biarkan selama 10 minit.
c) Masukkan telur, mentega lembut, buah pala, dan kismis ke dalam adunan tepung.
d) Uli hingga sebati, biarkan naik dua kali ganda.
e) Bentukkan gulung, letak di atas loyang dan biarkan naik semula.
f) Bakar pada suhu 375°F (190°C) selama 20-25 minit.

20.Pelaga Orange Twist Brioche

BAHAN-BAHAN:
- 3 1/2 cawan tepung serba guna
- 1/4 cawan gula
- 1 sudu teh garam
- 1 paket yis kering aktif
- 1 cawan susu suam
- 3 biji telur besar
- 1/2 cawan mentega tanpa garam
- Serbuk 1 oren
- 1 sudu besar buah pelaga yang dikisar

ARAHAN:
a) Campurkan susu suam dan yis, biarkan berbuih.
b) Satukan tepung, gula dan garam. Masukkan campuran yis, telur, mentega, buah pelaga, dan kulit oren. Uli hingga rata.
c) Biarkan ia naik, kemudian bahagikan dan bentukkan doh.
d) Putar setiap bahagian dan masukkan ke dalam kuali yang telah digris.
e) Biarkan naik semula, kemudian bakar pada 350°F (175°C) selama 30 minit.

21.Roti Halia Brioche

BAHAN-BAHAN:
- 4 cawan tepung roti
- 1/3 cawan gula perang
- 1 sudu teh garam
- 1 paket yis segera
- 1 cawan susu suam
- 3 biji telur besar
- 1/2 cawan mentega tanpa garam
- 1/4 cawan molase
- 1 sudu besar halia kisar
- 1 sudu teh kayu manis tanah

ARAHAN:
a) Larutkan yis dalam susu suam, biarkan selama 5 minit.
b) Campurkan tepung, gula perang, garam, halia, dan kayu manis.
c) Masukkan campuran yis, telur, mentega lembut, dan molase. Uli hingga rata.
d) Biarkan ia naik, bentukkan menjadi roti, dan masukkan ke dalam kuali yang telah digris.
e) Biarkan naik semula, kemudian bakar pada 375°F (190°C) selama 35-40 minit.

22. Simpul Brioche Rempah Labu

BAHAN-BAHAN:
- 3 1/2 cawan tepung serba guna
- 1/4 cawan gula
- 1 sudu teh garam
- 1 paket yis kering aktif
- 1/2 cawan susu suam
- 3 biji telur besar
- 1/2 cawan mentega tanpa garam, dilembutkan
- 1/2 cawan puri labu
- 1 sudu teh kayu manis tanah
- 1/2 sudu teh pala tanah

ARAHAN:
a) Campurkan susu suam dan yis, biarkan ia menjadi bukti.
b) Satukan tepung, gula, garam, kayu manis, dan buah pala.
c) Masukkan campuran yis, telur, mentega lembut, dan puri labu. Uli hingga rata.
d) Biarkan mengembang, bentuk menjadi simpulan, dan letakkan di atas loyang.
e) Biarkan ia naik semula, kemudian bakar pada 350°F (175°C) selama 25-30 minit.

23. Pusaran Brioche Berempah Chai

BAHAN-BAHAN:
- 4 cawan tepung roti
- 1/4 cawan gula
- 1 sudu teh garam
- 1 paket yis segera
- 1 cawan teh chai hangat (dibancuh dan disejukkan)
- 3 biji telur besar
- 1/2 cawan mentega tanpa garam, cair
- 1 sudu besar kayu manis tanah
- 1/2 sudu teh buah pelaga kisar

ARAHAN:
a) Bancuh teh chai dan biarkan ia sejuk. Campurkan dengan yis dan biarkan selama 10 minit.
b) Satukan tepung, gula, garam, kayu manis, dan buah pelaga.
c) Masukkan campuran chai, telur, dan mentega cair. Uli hingga rata.
d) Biarkan ia naik, gulung dan taburkan lebih banyak kayu manis dan buah pelaga.
e) Gulungkan ke dalam kayu balak, potong bulat-bulat, masukkan ke dalam kuali, dan biarkan naik semula.
f) Bakar pada suhu 375°F (190°C) selama 20-25 minit.

24.Muffin Brioche Apple Cider

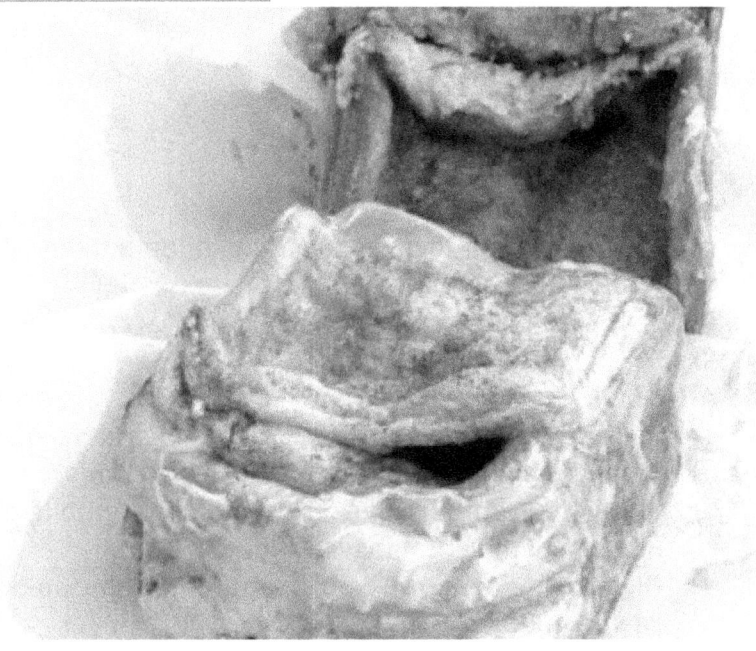

BAHAN-BAHAN:
- 3 1/4 cawan tepung serba guna
- 1/4 cawan gula
- 1 sudu teh garam
- 1 paket yis kering aktif
- 1/2 cawan cider epal suam
- 3 biji telur besar
- 1/2 cawan mentega tanpa garam, dilembutkan
- 2 cawan epal dipotong dadu (dikupas)
- 1 sudu teh kayu manis tanah

ARAHAN:
a) Campurkan cider epal suam dan yis, biarkan berbuih.
b) Satukan tepung, gula, garam, dan kayu manis.
c) Masukkan campuran yis, telur, mentega lembut, dan epal yang dipotong dadu. Uli hingga rata.
d) Biarkan kembang, bentukkan muffin, dan masukkan ke dalam cawan muffin.
e) Biarkan ia naik semula, kemudian bakar pada 350°F (175°C) selama 20-25 minit.

25. Bunga Vanila Cardamom Brioche

BAHAN-BAHAN:
- 4 cawan tepung roti
- 1/3 cawan gula
- 1 sudu teh garam
- 1 paket yis segera
- 1 cawan susu suam
- 3 biji telur besar
- 1/2 cawan mentega tanpa garam, cair
- 1 sudu besar ekstrak vanila
- 1 sudu teh buah pelaga yang dikisar

ARAHAN:
a) Campurkan susu suam dan yis, biarkan selama 5 minit.
b) Satukan tepung, gula, garam, dan buah pelaga.
c) Masukkan campuran yis, telur, mentega cair, dan ekstrak vanila. Uli hingga rata.
d) Biarkan ia naik, gulung, bentukkan menjadi kalungan, dan letakkan di atas loyang.
e) Biarkan naik semula, kemudian bakar pada 375°F (190°C) selama 30-35 minit.

BRIOCHE SERANTAU

26. Brioche Perancis klasik

BAHAN-BAHAN:
- ¼ cawan susu penuh
- 2 sudu teh yis segera
- 4 telur besar, dibahagikan
- 2⅔ cawan tepung roti (atau tepung T55)
- 3 sudu besar gula pasir
- 2 sudu teh garam halal
- ⅔ cawan mentega tanpa garam, pada suhu bilik (65 hingga 70°F), ditambah lagi untuk pelinciran

ARAHAN:

a) Buat doh: Dalam mangkuk sederhana, kacau sedikit susu, yis, dan 3 biji telur. Masukkan tepung, gula, dan garam, dan kacau sehingga adunan berbulu sebati. Balikkan doh ke atas bangku bersih dan uli selama 6 hingga 8 minit (atau pindahkan ke pengadun berdiri dan uli selama 4 hingga 5 minit pada kelajuan rendah) sehingga licin.

b) Kembalikan doh ke dalam mangkuk dan campurkan mentega sedikit demi sedikit, sama ada dengan tangan atau dengan cangkuk doh, dan teruskan menguli sehingga mentega sebati.

c) Tutup dengan tuala dan ketepikan selama 1 hingga 1½ jam pada suhu bilik. Doh hendaklah dua kali ganda saiznya. (Masa ini akan berbeza-beza, bergantung pada suhu dapur anda.)

BENTUK DAN BAKAR:

d) Pindahkan mangkuk ke peti sejuk selama sekurang-kurangnya 2 jam sebelum dibentuk. Lebih sejuk doh, lebih mudah dan kurang melekit ia akan berfungsi.

e) Setelah doh sejuk, gunakan pengikis bangku untuk membahagikannya kepada 6 bahagian sama rata, menggunakan penimbang jika ada.

f) Taburkan bahagian atas setiap bahagian dengan sedikit tepung.

g) Leperkan perlahan-lahan satu bahagian doh, kemudian gunakan hujung jari anda untuk menarik tepi doh ke tengah dan picit untuk membentuknya menjadi bulat kasar. Balikkan pusingan itu. Cakupkan doh di tangan anda dan, menggunakan cengkaman bangku anda, putar pusingan ke meja untuk mengetatkan jahitan.

h) Taburkan bahagian atas dengan tepung jika perlu untuk mengelakkannya daripada melekat pada tangan anda. Bekerja dengan cepat untuk mengelakkan pemanasan lemak terlalu cepat. Ulangi dengan pusingan yang tinggal.
i) Griskan loyang roti dengan mentega. Pindahkan bulatan ke bahagian jahitan kuali ke bawah, lapikkannya dua demi dua. Tutup dengan tuala dan ketepikan selama 1½ hingga 2 jam, sehingga marshmallow-y dalam tekstur dan dua kali ganda dalam jumlah.
j) Selepas 1 jam kalis, panaskan ketuhar hingga 375°F.
k) Pukul baki 1 biji telur dengan percikan air dan sapu sayu ini perlahan-lahan di atas roti.
l) Bakar selama 30 hingga 35 minit, sehingga roti berwarna perang keemasan dan termometer yang dimasukkan ke dalam bahagian tengah mencatatkan kira-kira 200°F.
m) Pusingkan roti dengan serta-merta ke atas rak penyejuk, pusingkan sebelah kanan ke atas, dan biarkan selama 15 hingga 20 minit sebelum dihiris.

27.Brioche amerika

BAHAN-BAHAN:
- ½ cawan Susu
- ½ cawan Mentega
- ⅓ cawan Gula
- 1 sudu teh Garam
- 1 pek Yis
- ¼ cawan air suam
- 1 Telur; terpisah
- 3 telur keseluruhan; dipukul
- 3¼ cawan Tepung; ditapis

ARAHAN:

a) Panaskan susu dan sejukkan hingga suam.

b) Krim mentega, tambah gula secara beransur-ansur. Masukkan garam.

c) Lembutkan yis di dalam air.

d) Kisar susu, adunan berkrim dan yis. Masukkan kuning telur, telur keseluruhan dan tepung dan pukul dengan senduk kayu selama 2 minit.

e) Tutup dan biarkan mengembang di tempat yang hangat sehingga lebih daripada dua kali ganda secara pukal, kira-kira 2 jam atau kurang.

f) Kacau dan pukul sebati. Tutup rapat dengan foil dan sejukkan semalaman.

g) Panaskan ketuhar kepada panas (425F); letak rak dekat bawah.

h) Kacau doh ke bawah dan putar ke atas papan tepung. Potong kurang daripada satu perempat doh dan simpan.

i) Potong doh yang tinggal kepada 16 bahagian dan bentukkan menjadi bebola yang sama saiz.

j) Letakkan dalam loyang muffin yang telah digris dengan baik (dalam 2 /¾ x 1¼ inci).

k) Potong sekeping doh yang lebih kecil kepada 16 bahagian dan bentukkan menjadi bebola licin. Basahkan sedikit jari dan buat lekukan pada setiap bola besar. Letakkan bola kecil dalam setiap lekukan. Tutup dan biarkan naik di tempat yang hangat sehingga dua kali ganda pukal, kira-kira 1 jam.

l) Pukul baki putih telur dengan satu sudu teh gula. Berus pada brioche. Bakar sehingga perang, atau 15 - 20 minit.

28. Brioche Coklat Swiss

BAHAN-BAHAN:
UNTUK DOH BRIOCHE:
- 3 1/4 cawan tepung serba guna
- 1/4 cawan gula pasir
- 1 1/4 sudu teh yis kering aktif
- 1/2 cawan susu suam
- 3 biji telur besar
- 1 sudu teh garam
- 1 cawan mentega tanpa garam, dilembutkan

UNTUK PENGISIAN:
- 1 hingga 1 1/2 cawan cip coklat Swiss

UNTUK CUCI TELUR:
- 1 biji telur, dipukul

ARAHAN:
AKTIFKAN YIS:
a) Dalam mangkuk kecil, satukan susu suam dan secubit gula. Taburkan yis ke atas susu dan biarkan selama 5-10 minit sehingga ia menjadi berbuih.

SEDIAKAN DOH:
b) Dalam mangkuk adunan besar, satukan tepung, gula dan garam. Buat perigi di tengah dan masukkan campuran yis yang diaktifkan dan telur yang dipukul. Gaul sehingga menjadi doh yang melekit.

c) Masukkan mentega lembut secara beransur-ansur, satu sudu pada satu masa, gaul rata antara penambahan. Uli doh di atas permukaan yang ditaburkan tepung selama kira-kira 10-15 minit sehingga menjadi licin dan anjal.

KEBANGKITAN PERTAMA:
d) Letakkan doh dalam mangkuk yang disapu sedikit minyak, tutup dengan bungkus plastik atau kain lembap, dan biarkan ia mengembang di tempat yang hangat selama 1-2 jam atau sehingga ia mengembang dua kali ganda.

TAMBAH CIP COKLAT:
e) Tumbuk perlahan-lahan doh yang telah kembang dan uli dalam cip coklat Swiss sehingga sekata.

f) Bahagikan doh kepada bahagian yang sama dan bentukkannya mengikut bentuk yang diingini - sama ada roti, gulung atau apa-apa bentuk lain yang anda suka.

KEBANGKITAN KEDUA:

g) Letakkan doh yang telah dibentuk di atas loyang yang telah dialas dengan kertas parchment. Tutup dan biarkan ia naik semula selama kira-kira 1 jam.

h) Panaskan ketuhar anda hingga 350°F (180°C). Sapu brioche yang telah dibangkitkan dengan telur yang telah dipukul untuk memberikan kemasan yang berkilat.

BAKAR:

i) Bakar dalam ketuhar yang telah dipanaskan selama 25-30 minit atau sehingga brioche berwarna perang keemasan dan berbunyi hampa apabila diketuk di bahagian bawah.

j) Biarkan Swiss Chocolate Chip Brioche sejuk di atas rak dawai sebelum dihiris dan dihidangkan.

29. Provençal Lemon-Lavender Brioche

BAHAN-BAHAN:
UNTUK DOH BRIOCHE:
- 3 1/4 cawan tepung serba guna
- 1/4 cawan gula pasir
- 1 1/4 sudu teh yis kering aktif
- 1/2 cawan susu suam
- 3 biji telur besar
- 1 sudu teh garam
- 1 cawan mentega tanpa garam, dilembutkan

UNTUK PERASA:
- Perahan 2 biji lemon
- 1 sudu besar lavender masakan kering (pastikan ia gred makanan)

UNTUK CUCI TELUR:
- 1 biji telur, dipukul

GLAZE PILIHAN:
- 1 cawan gula tepung
- 2 sudu besar jus lemon
- 1 sudu teh lavender masakan kering (pilihan, untuk hiasan)

ARAHAN:
AKTIFKAN YIS:
a) Dalam mangkuk kecil, satukan susu suam dan secubit gula. Taburkan yis ke atas susu dan biarkan selama 5-10 minit sehingga ia menjadi berbuih.

SEDIAKAN DOH:
b) Dalam mangkuk adunan yang besar, satukan tepung, gula, garam, kulit lemon dan lavender kering. Buat perigi di tengah dan masukkan campuran yis yang diaktifkan dan telur yang dipukul. Gaul sehingga menjadi doh yang melekit.

c) Masukkan mentega lembut secara beransur-ansur, satu sudu pada satu masa, gaul rata antara penambahan. Uli doh di atas permukaan yang ditaburkan tepung selama kira-kira 10-15 minit sehingga menjadi licin dan anjal.

KEBANGKITAN PERTAMA:

d) Letakkan doh dalam mangkuk yang disapu sedikit minyak, tutup dengan bungkus plastik atau kain lembap, dan biarkan ia mengembang di tempat yang hangat selama 1-2 jam atau sehingga ia mengembang dua kali ganda.

BENTUK DAN NAIK KEDUA:

e) Tebuk doh yang telah kembang dan bentukkan mengikut bentuk yang diingini - roti, gulung atau bentuk lain. Letakkan doh yang telah dibentuk di atas loyang yang telah dialas dengan kertas parchment. Tutup dan biarkan ia naik semula selama kira-kira 1 jam.

f) Panaskan ketuhar anda hingga 350°F (180°C). Sapu brioche yang telah dibangkitkan dengan telur yang telah dipukul untuk memberikan kemasan yang berkilat.

BAKAR:

g) Bakar dalam ketuhar yang telah dipanaskan selama 25-30 minit atau sehingga brioche berwarna perang keemasan dan berbunyi hampa apabila diketuk di bahagian bawah.

h) Jika dikehendaki, pukul bersama gula tepung dan jus lemon untuk membuat sayu. Siramkannya di atas brioche yang telah disejukkan dan taburkan dengan lavender kering untuk hiasan.

i) Benarkan Provençal Lemon-Lavender Brioche sejuk di atas rak dawai sebelum dihiris dan dihidangkan.

30. Cinnamon-Pecan Brioche Selatan

BAHAN-BAHAN:
UNTUK BRIOCHE DOUGH:
- 3 1/4 cawan tepung serba guna
- 1/4 cawan gula pasir
- 1 1/4 sudu teh yis kering aktif
- 1/2 cawan susu suam
- 3 biji telur besar
- 1 sudu teh garam
- 1 cawan mentega tanpa garam, dilembutkan

UNTUK ISI CINNAMON-PECAN:
- 1/2 cawan mentega tanpa garam, dilembutkan
- 1 cawan gula perang, dibungkus
- 2 sudu besar kayu manis kisar
- 1 cawan pecan cincang

UNTUK CUCI TELUR:
- 1 biji telur, dipukul

ARAHAN:
AKTIFKAN YIS:
a) Dalam mangkuk kecil, satukan susu suam dan secubit gula. Taburkan yis ke atas susu dan biarkan selama 5-10 minit sehingga ia menjadi berbuih.

SEDIAKAN DOH:
b) Dalam mangkuk adunan besar, satukan tepung, gula dan garam. Buat perigi di tengah dan masukkan campuran yis yang diaktifkan dan telur yang dipukul. Gaul sehingga menjadi doh yang melekit.
c) Masukkan mentega lembut secara beransur-ansur, satu sudu pada satu masa, gaul rata antara penambahan. Uli doh di atas permukaan yang ditaburkan tepung selama kira-kira 10-15 minit sehingga menjadi licin dan anjal.

KEBANGKITAN PERTAMA:
d) Letakkan doh dalam mangkuk yang disapu sedikit minyak, tutup dengan bungkus plastik atau kain lembap, dan biarkan ia mengembang di tempat yang hangat selama 1-2 jam atau sehingga ia mengembang dua kali ganda.

SEDIAKAN PENGISIAN:

e) Dalam mangkuk sederhana, campurkan bersama mentega lembut, gula perang, kayu manis yang dikisar, dan pecan cincang untuk membuat inti.
f) Tebuk doh yang telah kembang dan canai menjadi segi empat tepat besar di atas permukaan yang ditaburkan tepung. Ratakan inti kayu manis-pecan ke atas doh.
g) Gulungkan doh dengan ketat dari satu sisi panjang untuk membentuk log. Potong log menjadi roti atau kepingan yang sama saiz.

KEBANGKITAN KEDUA:
h) Letakkan roti yang telah dipotong di atas loyang yang telah dialas dengan kertas parchment. Tutup dan biarkan mereka naik semula selama kira-kira 1 jam.
i) Panaskan ketuhar anda hingga 350°F (180°C). Sapu roti yang telah dibangkitkan dengan telur yang telah dipukul untuk memberikan kemasan yang berkilat.

BAKAR:
j) Bakar dalam ketuhar yang telah dipanaskan selama 20-25 minit atau sehingga bun berwarna perang keemasan.
k) Benarkan Southern Cinnamon-Pecan Brioche sejuk di atas rak dawai sebelum dihidangkan.

31. Pelaga Scandinavia-Oren Brioche

BAHAN-BAHAN:
UNTUK DOH BRIOCHE:
- 3 1/4 cawan tepung serba guna
- 1/4 cawan gula pasir
- 1 1/4 sudu teh yis kering aktif
- 1/2 cawan susu suam
- 3 biji telur besar
- 1 sudu teh garam
- 1 cawan mentega tanpa garam, dilembutkan

UNTUK ISI KARDAMOM-OREN:
- Serbuk 2 biji oren
- 1 hingga 2 sudu besar buah pelaga (sesuaikan dengan rasa)
- 1/2 cawan gula pasir
- 1/4 cawan mentega tanpa garam, dilembutkan

UNTUK CUCI TELUR:
- 1 biji telur, dipukul

GLAZE PILIHAN:
- 1 cawan gula tepung
- 2 sudu besar jus oren
- Kulit oren untuk hiasan

ARAHAN:
AKTIFKAN YIS:
a) Dalam mangkuk kecil, satukan susu suam dan secubit gula. Taburkan yis ke atas susu dan biarkan selama 5-10 minit sehingga ia menjadi berbuih.

SEDIAKAN DOH:
b) Dalam mangkuk adunan yang besar, satukan tepung, gula, garam, kulit oren, dan buah pelaga yang telah dikisar. Buat perigi di tengah dan masukkan campuran yis yang diaktifkan dan telur yang dipukul. Gaul sehingga menjadi doh yang melekit.

c) Masukkan mentega lembut secara beransur-ansur, satu sudu pada satu masa, gaul rata antara penambahan. Uli doh di atas permukaan yang ditaburkan tepung selama kira-kira 10-15 minit sehingga menjadi licin dan anjal.

KEBANGKITAN PERTAMA:

d) Letakkan doh dalam mangkuk yang disapu sedikit minyak, tutup dengan bungkus plastik atau kain lembap, dan biarkan ia mengembang di tempat yang hangat selama 1-2 jam atau sehingga ia mengembang dua kali ganda.

SEDIAKAN PENGISIAN:

e) Dalam mangkuk kecil, campurkan bersama kulit oren, buah pelaga, gula, dan mentega lembut untuk membuat inti.

f) Tebuk doh yang telah kembang dan canai menjadi segi empat tepat besar di atas permukaan yang ditaburkan tepung. Ratakan inti buah pelaga-oren ke atas doh.

g) Gulungkan doh dengan ketat dari satu sisi panjang untuk membentuk log. Potong log menjadi roti atau kepingan yang sama saiz.

KEBANGKITAN KEDUA:

h) Letakkan roti yang telah dipotong di atas loyang yang telah dialas dengan kertas parchment. Tutup dan biarkan mereka naik semula selama kira-kira 1 jam.

i) Panaskan ketuhar anda hingga 350°F (180°C). Sapu roti yang telah dibangkitkan dengan telur yang telah dipukul untuk memberikan kemasan yang berkilat.

BAKAR:

j) Bakar dalam ketuhar yang telah dipanaskan selama 20-25 minit atau sehingga bun berwarna perang keemasan.

k) Jika mahu, pukul bersama gula tepung dan jus oren untuk membuat sayu. Siramkannya ke atas brioche yang telah disejukkan dan taburkan dengan kulit oren untuk hiasan.

l) Biarkan Cardamom-Oren Brioche Scandinavia sejuk di atas rak dawai sebelum dihidangkan.

32. Alsatian Kugelhopf Brioche

BAHAN-BAHAN:
- 3 1/2 cawan tepung serba guna
- 1/4 cawan gula
- 1 sudu teh garam
- 1 paket yis kering aktif
- 1/2 cawan susu suam
- 3 biji telur besar
- 1/2 cawan mentega tanpa garam, dilembutkan
- 1/2 cawan kismis
- 1/4 cawan badam cincang
- 1 sudu teh ekstrak badam

ARAHAN:
a) Campurkan susu suam dan yis, biarkan ia menjadi bukti.
b) Satukan tepung, gula dan garam. Masukkan campuran yis, telur, dan mentega lembut. Uli hingga rata.
c) Lipat dalam kismis, badam, dan ekstrak badam.
d) Biarkan mengembang, bentukkan menjadi acuan Kugelhopf tradisional, dan biarkan ia naik semula.
e) Bakar pada suhu 350°F (175°C) selama 35-40 minit.

33. Provençal Fougasse Brioche

BAHAN-BAHAN:
- 3 1/4 cawan tepung roti
- 1/4 cawan gula
- 1 sudu teh garam
- 1 paket yis segera
- 1/2 cawan air suam
- 3 biji telur besar
- 1/2 cawan minyak zaitun
- 1/4 cawan buah zaitun hitam yang dicincang
- 1 sudu besar rosemary segar yang dicincang

ARAHAN:
a) Larutkan yis dalam air suam, biarkan selama 5 minit.
b) Satukan tepung, gula dan garam. Masukkan campuran yis, telur, dan minyak zaitun. Uli hingga rata.
c) Lipat dalam buah zaitun dan rosemary yang dicincang.
d) Biarkan naik, bentukkan menjadi corak Fougasse, dan biarkan ia naik semula.
e) Bakar pada suhu 375°F (190°C) selama 25-30 minit.

34. Swedish Saffron Brioche Lussekatter

BAHAN-BAHAN:
- 4 cawan tepung serba guna
- 1/2 cawan gula
- 1 sudu teh garam
- 1 paket yis kering aktif
- 1 cawan susu suam
- 3 biji telur besar
- 1/2 cawan mentega tanpa garam, cair
- 1/2 sudu teh benang kunyit (direndam dalam susu suam)
- Kismis untuk hiasan

ARAHAN:
a) Campurkan susu suam dan yis, biarkan berbuih.
b) Satukan tepung, gula dan garam. Masukkan campuran yis, telur, mentega cair, dan susu yang diselitkan kunyit. Uli hingga rata.
c) Biarkan mengembang, bentukkan menjadi gulungan berbentuk S (Lussekatter), dan letakkan kismis di atasnya.
d) Biarkan ia naik semula, kemudian bakar pada 375°F (190°C) selama 20-25 minit.

35.Brioche Panettone Itali

BAHAN-BAHAN:
- 3 1/2 cawan tepung roti
- 1/2 cawan gula
- 1 sudu teh garam
- 1 paket yis segera
- 1/2 cawan susu suam
- 3 biji telur besar
- 1/2 cawan mentega tanpa garam, dilembutkan
- 1/2 cawan kulit oren manisan
- 1/2 cawan kismis
- 1 sudu teh ekstrak vanila

ARAHAN:
a) Larutkan yis dalam susu suam, biarkan selama 5 minit.
b) Satukan tepung, gula dan garam. Masukkan campuran yis, telur, mentega lembut, dan ekstrak vanila. Uli hingga rata.
c) Lipat dalam kulit oren manisan dan kismis.
d) Biarkan mengembang, bentukkan Panettone bulat, dan biarkan ia naik semula.
e) Bakar pada suhu 350°F (175°C) selama 45-50 minit.

36. Matcha Melonpan Brioche Jepun

BAHAN-BAHAN:
- 3 1/2 cawan tepung roti
- 1/4 cawan gula
- 1 sudu teh garam
- 1 paket yis segera
- 1/2 cawan susu suam
- 3 biji telur besar
- 1/2 cawan mentega tanpa garam, dilembutkan
- 2 sudu besar serbuk matcha
- Topping Melonpan (doh biskut)

ARAHAN:
a) Larutkan yis dalam susu suam, biarkan selama 5 minit.
b) Satukan tepung, gula, garam, dan serbuk matcha. Masukkan campuran yis, telur, dan mentega lembut. Uli hingga rata.
c) Biarkan mengembang, bahagikan kepada bahagian, dan bentukkan dengan topping melonpan.
d) Biarkan ia naik semula, kemudian bakar pada 375°F (190°C) selama 20-25 minit.

37. Moroccan Orange Blossom Brioche

BAHAN-BAHAN:
- 3 1/4 cawan tepung serba guna
- 1/4 cawan gula
- 1 sudu teh garam
- 1 paket yis kering aktif
- 1/2 cawan air suam
- 3 biji telur besar
- 1/2 cawan mentega tanpa garam, cair
- Serbuk 2 biji oren
- 2 sudu besar air bunga oren

ARAHAN:
a) Campurkan air suam dan yis, biarkan kalis.
b) Satukan tepung, gula dan garam. Masukkan campuran yis, telur, mentega cair, kulit oren, dan air bunga oren. Uli hingga rata.
c) Biarkan mengembang, bentukkan menjadi roti bulat, dan biarkan naik semula.
d) Bakar pada suhu 350°F (175°C) selama 30-35 minit.

38. Pelaga India dan Safron Brioche

BAHAN-BAHAN:
- 4 cawan tepung roti
- 1/3 cawan gula
- 1 sudu teh garam
- 1 paket yis segera
- 1 cawan susu suam
- 3 biji telur besar
- 1/2 cawan mentega tanpa garam, dilembutkan
- 1 sudu besar buah pelaga yang dikisar
- 1/2 sudu teh benang kunyit (direndam dalam susu suam)

ARAHAN:
a) Larutkan yis dalam susu suam, biarkan selama 5 minit.
b) Satukan tepung, gula, garam, dan buah pelaga yang telah dikisar. Masukkan campuran yis, telur, mentega lembut, dan susu yang diselitkan kunyit. Uli hingga rata.
c) Biarkan mengembang, bentukkan menjadi roti yang dijalin, dan biarkan naik semula.
d) Bakar pada suhu 375°F (190°C) selama 25-30 minit.

39. Brioche Coklat Kayu Manis Mexico

BAHAN-BAHAN:
- 3 1/2 cawan tepung serba guna
- 1/4 cawan gula
- 1 sudu teh garam
- 1 paket yis kering aktif
- 1/2 cawan susu suam
- 3 biji telur besar
- 1/2 cawan mentega tanpa garam, cair
- 1/4 cawan serbuk koko
- 1 sudu besar kayu manis tanah
- 1/2 cawan cip coklat

ARAHAN:
a) Campurkan susu suam dan yis, biarkan berbuih.
b) Satukan tepung, gula, garam, serbuk koko, dan kayu manis yang dikisar. Masukkan campuran yis, telur, mentega cair, dan cip coklat. Uli hingga rata.
c) Biarkan mengembang, bentukkan menjadi gulungan individu, dan biarkan naik semula.
d) Bakar pada 350°F (175°C) selama 20-25 minit.

BRIOCHE BUAH

40. Brioche buah dan kacang

BAHAN-BAHAN:
- 1 sudu besar Yis segar
- 150 ml susu suam
- 250 gram Tepung
- 4 biji telur dipukul
- 1 secubit garam
- 4 sudu besar Gula
- ½ cawan badam
- ½ cawan Hazelnut
- ¼ cawan Kismis atau sultana
- ⅓ cawan kismis
- ⅓ cawan aprikot kering, dihiris
- Beberapa ceri glace
- 170 gram Mentega, dilembutkan tetapi tidak cair

ARAHAN:
a) Panaskan ketuhar pada suhu 170C. Larutkan yis dalam susu. Masukkan tepung, telur, garam, gula, kacang dan buah.
b) Pukul dengan baik. tutup dan biarkan mengembang di tempat yang hangat sehingga naik dua kali ganda secara pukal.
c) Tumbuk, masukkan mentega dan pukul sebati pastikan tiada ketulan mentega. Tuangkan ke dalam loyang yang telah disapu mentega (campuran hendaklah mengisi separuh loyang). Biarkan naik semula sehingga loyang ¾ penuh.
d) Bakar pada suhu 170 C sehingga keluar lidi bersih-kira-kira 20-25 minit.
e) Sejukkan sebelum dihiris.

41. Roti Kastard Brioche dengan Buah Batu dan Basil

BAHAN-BAHAN:
- 250g tepung biasa (untuk brioche)
- 1 sudu kecil garam halus (untuk brioche)
- 30g gula halus (untuk brioche) + 60g (untuk crème pâtissière)
- 7g yis kering (tindakan pantas/yis cepat) (untuk brioche)
- 3 telur (untuk brioche) + 3 kuning (untuk crème pâtissière) + 1 telur
- 180g mentega tanpa garam, dilembutkan (untuk brioche)
- 1 cawan minyak (untuk pelinciran)
- 250ml susu penuh (untuk crème pâtissière)
- ½ sudu teh pes kacang vanila atau ½ pod vanila, belah dua dan dikikis (untuk crème pâtissière)
- 20g tepung jagung (untuk crème pâtissière)
- 4 buah rejam masak, dibelah dua dan dihancurkan (untuk dipasang)
- 2 sudu besar gula demerara (untuk dipasang)
- ½ tandan selasih, daun sahaja, separuh koyak (untuk dipasang)
- 1 cawan gula aising (habuk)

ARAHAN:
PENYEDIAAN doh BRIOCHE
a) Menggunakan pengadun berdiri bebas dengan cangkuk doh, satukan tepung, garam dan gula pada kelajuan rendah.
b) Masukkan yis, gaul rata, kemudian masukkan telur dan gaul pada medium selama 10 minit sehingga menjadi doh yang longgar.
c) Biarkan doh berdiri selama 5 minit.
d) Masukkan mentega lembut dan gaul pada medium selama kira-kira 10 minit, mengikis bahagian tepi mangkuk dengan kerap.
e) Tingkatkan kelajuan sedikit dan teruskan mengadun selama lebih kurang 15 minit sehingga doh menjadi kenyal.
f) Cedok doh pada permukaan yang sedikit berminyak, bentukkan menjadi bebola, dan pindahkan ke dalam bekas yang besar dan sedikit minyak.

g) Tutup dan biarkan ia naik pada suhu bilik selama 1 jam. Tolak ke bawah sedikit untuk mengeluarkan udara, kemudian tutup dan sejukkan di dalam peti sejuk semalaman.

PENYEDIAAN CRÈME PÂTISSIÈRE

h) Dalam periuk, panaskan susu dengan separuh gula dan vanila.
i) Pukul kuning telur, tambah baki gula, dan ayak dalam tepung jagung; pukul bersama.
j) Tuangkan susu mendidih ke atas adunan telur, kacau sentiasa.
k) Masak dengan api sederhana, kacau, selama 4-5 minit sehingga pekat. Masak selama beberapa minit lagi, kemudian angkat dari api.
l) Pindahkan ke mangkuk tahan panas, tutup dengan filem berpaut, dan biarkan ia sejuk sepenuhnya.

HIMPUNAN BUAH-BUAHAN DAN BASIL DIBATU

m) Panaskan ketuhar kepada 200°C/180°C kipas/gas 6.
n) Baling buah yang direjam dengan gula dan daun selasih yang koyak.

MEMBAKAR

o) Lapik 2 dulang pembakar dengan kertas.
p) Uli doh perlahan-lahan, bahagikan kepada 7, bentukkan menjadi bebola, dan letakkan di atas dulang, tekan sedikit ke dalam cakera.
q) Sudukan 1 sudu besar crème pat ke tengah setiap satu dan atasnya dengan separuh buah yang direjam, potong ke bawah.
r) Sapu doh dengan telur yang telah dipukul, kemudian bakar selama 17-20 minit sehingga perang keemasan.
s) Biarkan sejuk sedikit, kupas dan buang kulit buah yang direjam, dan akhiri dengan daun selasih dan taburan gula aising.

42. Roti Brioche Buah Markisa Coklat

BAHAN-BAHAN:
BRIOCHE:
- 250g tepung roti putih yang kuat
- 1/2 sudu kecil garam laut halus
- 1 sudu kecil yis kering tindakan pantas
- 20g gula halus
- Perahan 1 lemon
- 125ml susu penuh
- 1 biji telur besar + 1 untuk cuci telur
- 50g mentega tanpa garam, suhu bilik

KRIM PASTRI BUAH PASSION:
- 225ml puri buah markisa
- 75g gula halus
- 20g tepung jagung
- 3 biji kuning telur besar
- Secubit garam laut halus
- 20g mentega tanpa garam
- 100ml krim berganda
- 1 sudu kecil pes kacang vanila

COKLAT GLAZE:
- 50g coklat susu (kira-kira 50% pepejal koko)
- 50ml krim berganda
- 15ml puri buah markisa

ARAHAN:
PENYEDIAAN BRIOCHE:
a) Dalam kuali mentega kecil, masak 20g tepung dan 80ml susu di atas api sederhana sehingga pes pekat terbentuk. Mengetepikan.
b) Dalam pengadun berdiri, satukan baki tepung, garam, yis, gula, kulit limau, baki susu, telur, dan adunan tepung yang telah dimasak.
c) Gaul pada kelajuan rendah sehingga menjadi doh berbulu. Teruskan mengadun selama 10-15 minit sehingga doh menjadi kenyal.
d) Masukkan mentega secara beransur-ansur, gaul sehingga sebati dan doh menjadi licin.
e) Bentukkan menjadi bola, masukkan ke dalam mangkuk, tutup dengan filem berpaut, dan sejukkan semalaman.

KRIM PASTRI BUAH PASSION:
f) Dalam periuk, panaskan puri buah markisa dengan separuh daripada gula sehingga mendidih.
g) Dalam mangkuk yang berasingan, campurkan baki gula dan tepung jagung. Masukkan kuning telur dan garam, pukul hingga rata.
h) Tuangkan puri yang sedang mendidih ke atas campuran kuning telur, pukul untuk mengelakkan peregangan. Kembalikan ke dalam kuali dan masak sehingga pekat.
i) Masukkan mentega, kacau sehingga sebati, tutup dengan clingfilm, dan sejukkan.

PERHIMPUNAN BUN:
j) Pada hari pembakar, bahagikan doh brioche kepada 8 bahagian dan bentukkan menjadi roti di atas dulang yang dialas kertas. Bukti sehingga dua kali ganda.
k) Panaskan ketuhar kepada 200ºC (180ºC Kipas). Sapu roti dengan cucian telur dan bakar selama 15-20 minit sehingga kekuningan. Sejuk.
l) Pukul krim pastri sejuk sehingga rata. Dalam mangkuk yang berasingan, pukul krim dan vanila hingga lembut. Satukan dengan kastard.
m) Dengan menggunakan piping bag, isi setiap bun dengan kastard sehingga berat sedikit.
n) Untuk sayu, cairkan coklat dan krim, pukul dalam puri buah markisa. Celupkan roti dalam ganache dan biarkan ia mengeras.
o) Secara pilihan, hias dengan coklat parut, serbuk koko atau serbuk markisa kering beku.
p) Bertutup, roti boleh disimpan selama 2-3 hari. Nikmati gabungan ilahi coklat dan buah markisa!

43. Gulai Buah & Walnut Brioche Wreath

BAHAN-BAHAN:
- 450g tepung roti putih yang kuat
- 1 sudu kecil garam laut
- 7g sachet yis kering
- 50g gula halus
- 100ml susu penuh
- 5 biji telur sederhana
- 190g mentega, dipotong dadu dan dilembutkan
- 50g kulit campuran
- 7g walnut, dicincang
- 125g jem ara
- 25g walnut, dicincang (untuk taburan)

ARAHAN:
PENYEDIAAN doh
a) Letakkan tepung di dalam mangkuk pengadun makanan yang dipasang dengan cangkuk doh.
b) Masukkan garam ke satu bahagian, dan yis dan gula ke bahagian yang lain. Gaulkan kesemuanya dengan cangkuk doh.
c) Panaskan susu sehingga suam tetapi tidak terlalu panas dan masukkan ke dalam adunan tepung dengan pengadun berjalan pada medium.
d) Masukkan 4 biji telur, satu demi satu, dan gaul rata selepas setiap penambahan. Campurkan selama 10 minit.
e) Masukkan mentega lembut secara beransur-ansur, beberapa kiub pada satu masa, sehingga sebati dan doh sangat lembut (kira-kira 5 minit).
f) Kikis bahagian tepi dan masukkan kulit campuran dan kenari cincang sehingga sekata.
g) Tutup mangkuk dengan filem berpaut dan biarkan ia naik di tempat yang hangat selama 1½-2 jam sehingga saiznya dua kali ganda, kemudian sejukkan selama 1 jam.

PERHIMPUNAN
h) Alas dulang pembakar besar dengan kertas pembakar.
i) Bahagikan doh kepada 8 bahagian yang sama dan bulatkan menjadi bebola.
j) Letakkan bola dalam bulatan di atas dulang dengan jarak 1-2cm antara setiap bola.

k) Tutup dengan filem berpaut dan biarkan ia mengembang selama 30 minit sehingga dua kali ganda saiznya, dan bola hanya bercantum.

MEMBAKAR
l) Panaskan ketuhar kepada 180oC (tanda gas 4).
m) Sapu brioche sedikit dengan baki telur yang telah dipukul.
n) Cincang halus walnut yang tinggal dan taburkan di atas brioche.
o) Bakar selama 15-20 minit sehingga kekuningan.
p) Biarkan sejuk sedikit dan hidangkan jem ara dalam mangkuk di tengah kalungan.

44. Blueberry Lemon Brioche

BAHAN-BAHAN:
- 3 1/2 cawan tepung serba guna
- 1/4 cawan gula
- 1 sudu teh garam
- 1 paket yis kering aktif
- 1/2 cawan susu suam
- 3 biji telur besar
- 1/2 cawan mentega tanpa garam, dilembutkan
- Perahan 1 lemon
- 1 cawan beri biru segar atau beku

ARAHAN:
a) Campurkan susu suam dan yis, biarkan ia menjadi bukti.
b) Satukan tepung, gula, garam, dan kulit limau. Masukkan campuran yis, telur, dan mentega lembut. Uli hingga rata.
c) Perlahan-lahan lipat dalam blueberry.
d) Biarkan mengembang, bentukkan menjadi roti atau gulung, dan biarkan naik semula.
e) Bakar pada suhu 375°F (190°C) selama 25-30 minit.

45. Gulung Brioche Almond Raspberi

BAHAN-BAHAN:
- 4 cawan tepung roti
- 1/4 cawan gula
- 1 sudu teh garam
- 1 paket yis segera
- 1 cawan susu suam
- 3 biji telur besar
- 1/2 cawan mentega tanpa garam, cair
- 1 cawan raspberi segar atau beku
- 1/2 cawan hirisan badam

ARAHAN:
a) Larutkan yis dalam susu suam, biarkan selama 5 minit.
b) Satukan tepung, gula dan garam. Masukkan campuran yis, telur, dan mentega cair. Uli hingga rata.
c) Perlahan-lahan lipat dalam hirisan raspberi dan badam.
d) Biarkan mengembang, potong mengikut bahagian, dan masukkan ke dalam loyang.
e) Biarkan ia naik semula, kemudian bakar pada 350°F (175°C) selama 20-25 minit.

46. Peach Vanila Brioche Twist

BAHAN-BAHAN:
- 3 1/4 cawan tepung serba guna
- 1/4 cawan gula
- 1 sudu teh garam
- 1 paket yis kering aktif
- 1/2 cawan susu suam
- 3 biji telur besar
- 1/2 cawan mentega tanpa garam, dilembutkan
- 2 biji pic masak, potong dadu
- 1 sudu besar ekstrak vanila

ARAHAN:
a) Campurkan susu suam dan yis, biarkan berbuih.
b) Satukan tepung, gula dan garam. Masukkan campuran yis, telur, mentega lembut, pic potong dadu, dan ekstrak vanila. Uli hingga rata.
c) Biarkan mengembang, bahagikan kepada dua bahagian dan putar bersama.
d) Letakkan dalam kuali yang telah digris, biarkan ia naik semula, dan kemudian bakar pada 375°F (190°C) selama 30-35 minit.

47.Jalinan Brioche Keju Krim Strawberi

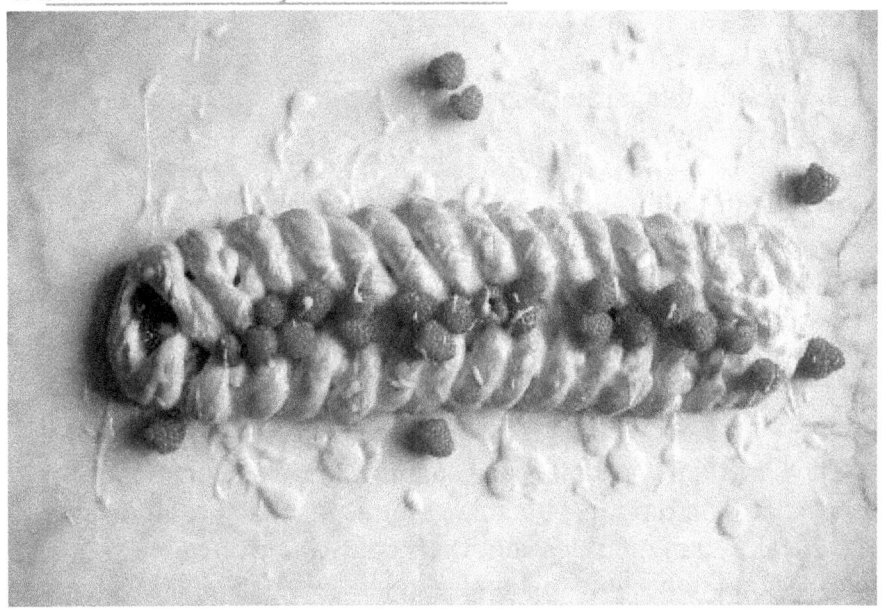

BAHAN-BAHAN:
- 4 cawan tepung roti
- 1/3 cawan gula
- 1 sudu teh garam
- 1 paket yis segera
- 1 cawan susu suam
- 3 biji telur besar
- 1/2 cawan mentega tanpa garam, cair
- 1 cawan strawberi segar, dihiris
- 4 auns krim keju, dilembutkan
- 1/4 cawan gula halus

ARAHAN:
a) Larutkan yis dalam susu suam, biarkan selama 5 minit.
b) Satukan tepung, gula dan garam. Masukkan campuran yis, telur, dan mentega cair. Uli hingga rata.
c) Canai doh, sapukan lapisan keju krim, dan letakkan hirisan strawberi di atas.
d) Lipat doh ke atas inti, buat jalinan.
e) Biarkan mengembang, kemudian bakar pada 350°F (175°C) selama 25-30 minit.

48. Cherry Almond Brioche Swirls

BAHAN-BAHAN:
- 3 1/2 cawan tepung serba guna
- 1/4 cawan gula
- 1 sudu teh garam
- 1 paket yis kering aktif
- 1/2 cawan susu suam
- 3 biji telur besar
- 1/2 cawan mentega tanpa garam, dilembutkan
- 1 cawan ceri segar atau beku, diadu dan dibelah dua
- 1/2 cawan hirisan badam

ARAHAN:
a) Campurkan susu suam dan yis, biarkan ia menjadi bukti.
b) Satukan tepung, gula, garam, dan masukkan campuran yis, telur, dan mentega lembut. Uli hingga rata.
c) Masukkan ceri dan badam yang dihiris perlahan-lahan.
d) Biarkan mengembang, canai doh, ratakan ceri dan badam, kemudian canai ke dalam log.
e) Potong bahagian, masukkan dalam kuali yang telah digris dan biarkan naik semula.
f) Bakar pada suhu 375°F (190°C) selama 25-30 minit.

49. Gulung Brioche Kelapa Mangga

BAHAN-BAHAN:
- 4 cawan tepung roti
- 1/4 cawan gula
- 1 sudu teh garam
- 1 paket yis segera
- 1 cawan santan suam
- 3 biji telur besar
- 1/2 cawan mentega tanpa garam, cair
- 1 cawan mangga segar, dipotong dadu
- 1/2 cawan kelapa parut

ARAHAN:
a) Larutkan yis dalam santan suam, biarkan selama 5 minit.
b) Satukan tepung, gula dan garam. Masukkan campuran yis, telur, dan mentega cair. Uli hingga rata.
c) Masukkan mangga potong dadu dan kelapa parut perlahan-lahan.
d) Biarkan mengembang, potong mengikut bahagian, dan masukkan ke dalam loyang.
e) Biarkan ia naik semula, kemudian bakar pada 350°F (175°C) selama 20-25 minit.

50. Blackberry Lemon Cheesecake Brioche

BAHAN-BAHAN:
- 3 1/4 cawan tepung serba guna
- 1/4 cawan gula
- 1 sudu teh garam
- 1 paket yis kering aktif
- 1/2 cawan susu suam
- 3 biji telur besar
- 1/2 cawan mentega tanpa garam, dilembutkan
- 1 cawan beri hitam segar
- 4 auns krim keju, dilembutkan
- Perahan 1 lemon

ARAHAN:
a) Campurkan susu suam dan yis, biarkan berbuih.
b) Satukan tepung, gula dan garam. Masukkan campuran yis, telur, mentega lembut, keju krim, dan kulit lemon. Uli hingga rata.
c) Perlahan-lahan lipat dalam beri hitam.
d) Biarkan mengembang, bentukkan menjadi roti, dan biarkan naik semula.
e) Bakar pada suhu 375°F (190°C) selama 30-35 minit.

51. Kalungan Brioche Kiwi Citrus

BAHAN-BAHAN:
- 4 cawan tepung roti
- 1/3 cawan gula
- 1 sudu teh garam
- 1 paket yis segera
- 1 cawan jus oren suam
- 3 biji telur besar
- 1/2 cawan mentega tanpa garam, cair
- Serbuk 1 oren
- 2 buah kiwi, dikupas dan dihiris

ARAHAN:
a) Larutkan yis dalam jus oren suam, biarkan selama 5 minit.
b) Satukan tepung, gula dan garam. Masukkan campuran yis, telur, mentega cair, dan kulit oren. Uli hingga rata.
c) Biarkan mengembang, bulatkan doh dan bentukkan kalungan.
d) Letakkan kepingan kiwi di atas, biarkan ia naik semula, kemudian bakar pada 375°F (190°C) selama 30-35 minit.

VEGGIE BRIOCHE

52. Brioches de pommes de terre

BAHAN-BAHAN:
- 1½ paun Kentang mendidih, dikupas dan dibelah empat
- 4 sudu besar mentega tanpa garam, dipotong dadu, pada suhu bilik
- 3 biji kuning telur besar
- ½ sudu teh Garam
- Lada putih secukup rasa
- 1 sudu teh Susu
- 8 Acuan brioche kecil yang disapu mentega dengan baik, disejukkan

ARAHAN:

a) Dalam cerek, tutup kentang dengan air sejuk dan masak air masin sehingga mendidih. Rebus kentang selama 12 hingga 15 minit, atau sehingga ia lembut. Toskan kentang dan paksa mereka melalui ricer ke dalam mangkuk.

b) Masukkan mentega, 2 kuning telur, garam, dan lada putih dan biarkan campuran sejuk selama sekurang-kurangnya 20 minit atau sehingga 2 jam.

c) Panaskan ketuhar hingga 425 darjah F.

d) Pindahkan ¼ cawan adunan ke permukaan yang ditaburkan sedikit tepung, dengan tangan yang ditaburi sedikit tepung picit sekeping sebesar guli, dan simpannya. Gulungkan bahagian yang lebih besar ke dalam bebola licin, dan jatuhkan perlahan-lahan ke dalam salah satu acuan yang telah sejuk. Buat lekukan cetek perlahan-lahan di bahagian atas bola, bentuk bahagian saiz marmar yang disimpan menjadi bola licin, dan letakkan dengan teliti dalam lekukan.

e) Dalam mangkuk kecil gabungkan kuning telur terakhir dengan susu dan sapu cucian telur pada setiap brioches, berhati-hati agar tidak jatuh ke bahagian tepi acuan. Bakar di atas loyang selama 25 hingga 30 minit, atau sehingga ia berwarna perang keemasan. Biarkan mereka sejuk di atas rak selama 20 minit.

f) Longgarkan tepi dengan lidi logam dan terbalikkan untuk dikeluarkan dengan berhati-hati dari acuan.

g) Mereka mungkin dibuat sehari lebih awal. Simpan sejuk dan bertutup, dan panaskan semula pada 400 darjah F. selama 15 minit.

53. Bayam dan Feta Stuffed Brioche Rolls

BAHAN-BAHAN:
- 3 1/2 cawan tepung serba guna
- 1/4 cawan gula
- 1 sudu teh garam
- 1 paket yis kering aktif
- 1/2 cawan susu suam
- 3 biji telur besar
- 1/2 cawan mentega tanpa garam, dilembutkan
- 1 cawan bayam segar, dicincang
- 1/2 cawan keju feta hancur

ARAHAN:
a) Campurkan susu suam dan yis, biarkan ia menjadi bukti.
b) Satukan tepung, gula dan garam. Masukkan campuran yis, telur, dan mentega lembut. Uli hingga rata.
c) Masukkan bayam dan keju feta yang dicincang perlahan-lahan.
d) Biarkan mengembang, bentukkan gulung dan masukkan ke dalam loyang.
e) Biarkan ia naik semula, kemudian bakar pada 375°F (190°C) selama 20-25 minit.

54. Lada Merah Panggang dan Tart Brioche Keju Kambing

BAHAN-BAHAN:
- 4 cawan tepung roti
- 1/4 cawan gula
- 1 sudu teh garam
- 1 paket yis segera
- 1 cawan air suam
- 3 biji telur besar
- 1/2 cawan mentega tanpa garam, cair
- 1 cawan lada merah panggang, potong dadu
- 1/2 cawan keju kambing hancur

ARAHAN:
a) Larutkan yis dalam air suam, biarkan selama 5 minit.
b) Satukan tepung, gula dan garam. Masukkan campuran yis, telur, dan mentega cair. Uli hingga rata.
c) Masukkan lada merah panggang dan keju kambing perlahan-lahan.
d) Biarkan mengembang, bulatkan doh, dan masukkan ke dalam kuali tart.
e) Biarkan ia naik semula, kemudian bakar pada 350°F (175°C) selama 25-30 minit.

55.Jalinan Brioche Cendawan dan Keju Swiss

BAHAN-BAHAN:
- 3 1/4 cawan tepung serba guna
- 1/4 cawan gula
- 1 sudu teh garam
- 1 paket yis kering aktif
- 1/2 cawan susu suam
- 3 biji telur besar
- 1/2 cawan mentega tanpa garam, dilembutkan
- 1 cawan cendawan, dicincang halus
- 1 cawan keju Swiss yang dicincang

ARAHAN:
a) Campurkan susu suam dan yis, biarkan berbuih.
b) Satukan tepung, gula dan garam. Masukkan campuran yis, telur, dan mentega lembut. Uli hingga rata.
c) Masukkan cendawan cincang dan keju Swiss yang dicincang perlahan-lahan.
d) Biarkan mengembang, bahagikan kepada bahagian, dan tocang kepingan.
e) Letakkan di atas loyang, biarkan ia naik semula, kemudian bakar pada 375°F (190°C) selama 25-30 minit.

56. Zucchini dan Parmesan Brioche Focaccia

BAHAN-BAHAN:
- 4 cawan tepung roti
- 1/3 cawan gula
- 1 sudu teh garam
- 1 paket yis segera
- 1 cawan air suam
- 3 biji telur besar
- 1/2 cawan mentega tanpa garam, cair
- 1 cawan zucchini parut
- 1/2 cawan keju Parmesan parut

ARAHAN:
a) Larutkan yis dalam air suam, biarkan selama 5 minit.
b) Satukan tepung, gula dan garam. Masukkan campuran yis, telur, dan mentega cair. Uli hingga rata.
c) Masukkan zucchini parut dan keju Parmesan perlahan-lahan.
d) Biarkan mengembang, ratakan doh dalam loyang untuk membentuk bentuk focaccia.
e) Biarkan ia naik semula, kemudian bakar pada 350°F (175°C) selama 25-30 minit.

57.Tomato Keringkan Matahari dan Basil Brioche Rolls

BAHAN-BAHAN:
- 3 1/2 cawan tepung serba guna
- 1/4 cawan gula
- 1 sudu teh garam
- 1 paket yis kering aktif
- 1/2 cawan susu suam
- 3 biji telur besar
- 1/2 cawan mentega tanpa garam, dilembutkan
- 1/2 cawan tomato kering matahari, dicincang
- 1/4 cawan basil segar, dicincang halus

ARAHAN:
a) Campurkan susu suam dan yis, biarkan ia menjadi bukti.
b) Satukan tepung, gula dan garam. Masukkan campuran yis, telur, dan mentega lembut. Uli hingga rata.
c) Masukkan tomato kering dan selasih segar yang dicincang perlahan-lahan.
d) Biarkan mengembang, bentukkan gulung dan masukkan ke dalam loyang.
e) Biarkan ia naik semula, kemudian bakar pada 375°F (190°C) selama 20-25 minit.

58. Brokoli dan Roti Brioche Sumbat Cheddar

BAHAN-BAHAN:
- 4 cawan tepung roti
- 1/4 cawan gula
- 1 sudu teh garam
- 1 paket yis segera
- 1 cawan air suam
- 3 biji telur besar
- 1/2 cawan mentega tanpa garam, cair
- 1 cawan kuntum brokoli, dikukus dan dicincang
- 1 cawan keju cheddar yang dicincang

ARAHAN:
a) Larutkan yis dalam air suam, biarkan selama 5 minit.
b) Satukan tepung, gula dan garam. Masukkan campuran yis, telur, dan mentega cair. Uli hingga rata.
c) Masukkan brokoli yang dikukus dan dicincang perlahan-lahan serta keju cheddar yang dicincang.
d) Biarkan mengembang, bentukkan menjadi bun, dan letak di atas loyang.
e) Biarkan ia naik semula, kemudian bakar pada 350°F (175°C) selama 25-30 minit.

59. Bawang karamel dan Gruyère Brioche Tart

BAHAN-BAHAN:
- 3 1/4 cawan tepung serba guna
- 1/4 cawan gula
- 1 sudu teh garam
- 1 paket yis kering aktif
- 1/2 cawan susu suam
- 3 biji telur besar
- 1/2 cawan mentega tanpa garam, dilembutkan
- 2 biji bawang besar, hiris nipis dan karamel
- 1 cawan keju Gruyère yang dicincang

ARAHAN:
a) Campurkan susu suam dan yis, biarkan berbuih.
b) Satukan tepung, gula dan garam. Masukkan campuran yis, telur, dan mentega lembut. Uli hingga rata.
c) Masukkan bawang karamel dan keju Gruyère yang dicincang perlahan-lahan.
d) Biarkan mengembang, bulatkan doh, dan masukkan ke dalam kuali tart.
e) Biarkan ia naik semula, kemudian bakar pada 375°F (190°C) selama 30-35 minit.

60. Artichoke dan Pesto Brioche Pinwheels

BAHAN-BAHAN:
- 4 cawan tepung roti
- 1/3 cawan gula
- 1 sudu teh garam
- 1 paket yis segera
- 1 cawan air suam
- 3 biji telur besar
- 1/2 cawan mentega tanpa garam, cair
- 1 cawan hati articok yang diperap, dicincang
- 1/4 cawan sos pesto

ARAHAN:
a) Larutkan yis dalam air suam, biarkan selama 5 minit.
b) Satukan tepung, gula dan garam. Masukkan campuran yis, telur, dan mentega cair. Uli hingga rata.
c) Masukkan hati articok yang diperap dan sos pesto perlahan-lahan.
d) Biarkan mengembang, canai doh, sapukan pesto, dan articok secara rata, kemudian canai ke dalam log.
e) Potong kincir, letak di atas loyang, dan biarkan naik semula.
f) Bakar pada 350°F (175°C) selama 20-25 minit.

CHEESY BRIOCHE

61.Brioche keju

BAHAN-BAHAN:
- 1 cawan air
- 2 auns marjerin
- 1 sudu teh garam
- 1 sudu kecil lada cayenne
- 1 cawan tepung putih yang tidak diluntur, diayak
- 3 biji telur
- 3 auns gruyere keju, dipotong dadu halus

ARAHAN:

a) Panaskan ketuhar hingga 375 F. Dalam periuk 1 liter dengan api perlahan, masak air, marjerin, garam dan cayenne hingga mendidih. Bila marjerin cair, kecilkan api. Masukkan tepung. Doh akan membentuk bebola.

b) Kacau bola dengan sudu kayu secara berterusan selama 2 hingga 3 minit.

c) Kikis bahagian bawah kuali dengan kerap untuk mengelakkan doh melekat. Keluarkan dari api dan letakkan doh dalam mangkuk adunan yang besar. Sapukan doh dalam mangkuk dan biarkan sejuk selama 10 minit.

d) Oleh kerana tangan anda tidak lama lagi akan menjadi sangat melekit, letakkan loyang besar berhampiran mangkuk sebelum memulakan langkah seterusnya.

e) Apabila doh cukup sejuk supaya telur tidak masak dalam doh, masukkan semua telur ke dalam doh. Tumbuk dengan tangan sehingga telur sebati. Masukkan keju dan gaul sebati.

f) Letakkan bebola doh di tengah-tengah loyang yang tidak digris. Ratakan doh dari tengah untuk membentuk cincin bujur 5 x 8 inci.

62. Keju Pear Brioche

BAHAN-BAHAN:
UNTUK doh:
- 1/5 cawan susu
- 5 biji telur
- ⅓ cawan gula
- 3½ cawan tepung serba guna
- 1½ sudu teh yis kering aktif ½ sudu teh garam
- Selepas berbunyi bip:
- 1 cawan mentega beku, dipotong dadu

PENGISIAN:
- 1 buah pir
- 1 ⅓ cawan krim keju

UNTUK GLAZE:
- 1 biji telur

ARAHAN:
a) Uli doh dalam mesin roti. Keluarkan, balut dengan filem dapur, dan masukkan ke dalam peti sejuk semalaman.
b) Sebelum anda mula memasak roti, letakkan doh di tempat yang hangat selama 1 jam.
c) Selepas itu, potong doh kepada 12 bahagian yang sama. Cubit sekeping kecil doh dari setiap bahagian.
d) Bentukkan kepingan doh besar dan kecil menjadi sfera.
e) Letakkan sfera besar dalam cawan pembakar kek cawan mentega dan tekan jari anda pada bahagian tengah bahagian atasnya untuk membuat sedikit pendalaman.
f) Kupas dan cincang halus 1 pir dan campurkan dengan keju lembut. Buat pendalaman dalam sfera doh besar, masukkan inti ke dalam pendalaman, dan tutup dengan sfera kecil.
g) Tutup dengan tuala dan biarkan selama 1 jam untuk berehat dan naik.
h) Panaskan ketuhar hingga 350 darjah F (180 darjah C).
i) Sapu permukaan brioches anda dengan telur yang disebat.
j) Bakar dalam ketuhar yang telah dipanaskan sehingga perang keemasan selama 15-20 minit.
k) Sejukkan brioche pada grid.

63. Tomato Kering Matahari dan Mozzarella Brioche

BAHAN-BAHAN:
- 1/2 cawan susu
- 5 biji telur
- 1/3 cawan gula
- 3 1/2 cawan tepung serba guna
- 1 1/2 sudu teh yis kering aktif
- 1/2 sudu teh garam
- 1 cawan keju mozzarella yang dicincang
- 1/2 cawan tomato kering matahari (dicincang)
- 1 sudu teh oregano kering
- 1 cawan mentega beku, dipotong dadu
- 1 biji telur (untuk glaze)

ARAHAN:
a) Dalam mesin roti, satukan susu, telur, gula, tepung, yis dan garam.
b) Selepas menguli awal, masukkan mentega beku yang dipotong dadu. Benarkan mesin roti melengkapkan kitaran doh.
c) Keluarkan doh, balut dengan filem dapur, dan sejukkan semalaman.
d) Sebelum dibakar, biarkan doh berehat di tempat yang hangat selama 1 jam. Bahagikan kepada 12 bahagian.
e) Bentuk bahagian doh yang besar menjadi sfera dan letakkan dalam cawan pembakar kek cawan mentega.
f) Tekan bahagian tengah setiap sfera besar untuk mencipta pendalaman.
g) Campurkan mozzarella yang dicincang dengan tomato kering yang dicincang dan oregano kering.
h) Isi kedalaman setiap sfera doh dengan campuran mozzarella, tomato kering dan oregano.
i) Tutup dengan tuala dan biarkan selama sejam lagi untuk mengembang.
j) Panaskan ketuhar hingga 350°F (180°C).
k) Pukul sebiji telur dan sapu permukaan setiap brioche dengan cucian telur.
l) Bakar selama 15-20 minit atau sehingga perang keemasan.
m) Sejukkan Tomato Kering Matahari dan Mozzarella Brioche di atas rak dawai.

64. Simpul Brioche Parmesan dan Bawang Putih

BAHAN-BAHAN:
- 1/2 cawan susu
- 5 biji telur
- 1/3 cawan gula
- 3 1/2 cawan tepung serba guna
- 1 1/2 sudu teh yis kering aktif
- 1/2 sudu teh garam
- 1 cawan keju Parmesan parut
- 3 ulas bawang putih (kisar)
- 2 sudu besar pasli segar (dicincang)
- 1 cawan mentega beku, dipotong dadu
- 1 biji telur (untuk glaze)

ARAHAN:
a) Dalam mesin roti, satukan susu, telur, gula, tepung, yis dan garam.
b) Selepas menguli awal, masukkan mentega beku yang dipotong dadu. Benarkan mesin roti melengkapkan kitaran doh.
c) Keluarkan doh, balut dengan filem dapur, dan sejukkan semalaman.
d) Sebelum dibakar, biarkan doh berehat di tempat yang hangat selama 1 jam. Bahagikan kepada 12 bahagian.
e) Bentuk setiap bahagian menjadi simpulan untuk kelainan yang unik dan letakkan di atas loyang.
f) Dalam mangkuk, campurkan Parmesan parut, bawang putih cincang, dan pasli segar yang dicincang.
g) Canai setiap simpulan dalam campuran Parmesan, bawang putih dan pasli, pastikan ia bersalut dengan baik.
h) Tutup dengan tuala dan biarkan selama sejam lagi untuk mengembang.
i) Panaskan ketuhar hingga 350°F (180°C).
j) Pukul sebiji telur dan sapu permukaan setiap simpulan brioche dengan cucian telur.
k) Bakar selama 15-20 minit atau sehingga perang keemasan.
l) Sejukkan Parmesan dan Garlic Brioche Knots pada rak dawai.

65. Brioche Sumbat Bacon dan Cheddar

BAHAN-BAHAN:
- 1/2 cawan susu
- 5 biji telur
- 1/3 cawan gula
- 3 1/2 cawan tepung serba guna
- 1 1/2 sudu teh yis kering aktif
- 1/2 sudu teh garam
- 1 cawan daging masak dan hancur
- 1 cawan keju cheddar yang dicincang
- 1 cawan mentega beku, dipotong dadu
- 1 biji telur (untuk glaze)

ARAHAN:
a) Dalam mesin roti, satukan susu, telur, gula, tepung, yis dan garam.
b) Selepas menguli awal, masukkan mentega beku yang dipotong dadu. Benarkan mesin roti melengkapkan kitaran doh.
c) Keluarkan doh, balut dengan filem dapur, dan sejukkan semalaman.
d) Sebelum dibakar, biarkan doh berehat di tempat yang hangat selama 1 jam. Bahagikan kepada 12 bahagian.
e) Bentuk bahagian doh yang besar menjadi sfera dan letakkan dalam cawan pembakar kek cawan mentega.
f) Tekan bahagian tengah setiap sfera besar untuk mencipta pendalaman.
g) Campurkan daging yang telah dimasak dan hancur dengan cheddar yang dicincang.
h) Isikan pendalaman setiap sfera doh dengan bacon dan campuran cheddar.
i) Tutup dengan tuala dan biarkan selama sejam lagi untuk mengembang.
j) Panaskan ketuhar hingga 350°F (180°C).
k) Pukul sebiji telur dan sapu permukaan setiap brioche dengan cucian telur.
l) Bakar selama 15-20 minit atau sehingga perang keemasan.
m) Sejukkan Bacon dan Cheddar Stuffed Brioche di atas rak dawai.

66.Jalapeño dan Pepper Jack Brioche Rolls

BAHAN-BAHAN:
- 1/2 cawan susu
- 5 biji telur
- 1/3 cawan gula
- 3 1/2 cawan tepung serba guna
- 1 1/2 sudu teh yis kering aktif
- 1/2 sudu teh garam
- 1 cawan keju Pepper Jack yang dicincang
- 1/2 cawan jeruk jalapeños (dicincang)
- 1 cawan mentega beku, dipotong dadu
- 1 biji telur (untuk glaze)

ARAHAN:
a) Dalam mesin roti, satukan susu, telur, gula, tepung, yis dan garam.
b) Selepas menguli awal, masukkan mentega beku yang dipotong dadu. Benarkan mesin roti melengkapkan kitaran doh.
c) Keluarkan doh, balut dengan filem dapur, dan sejukkan semalaman.
d) Sebelum dibakar, biarkan doh berehat di tempat yang hangat selama 1 jam. Bahagikan kepada 12 bahagian.
e) Bentuk bahagian doh yang besar menjadi sfera dan letakkan dalam cawan pembakar kek cawan mentega.
f) Tekan bahagian tengah setiap sfera besar untuk mencipta pendalaman.
g) Campurkan keju Pepper Jack yang dicincang dengan jalapeño jeruk yang dicincang.
h) Isikan pendalaman setiap sfera doh dengan campuran jalapeño dan keju.
i) Tutup dengan tuala dan biarkan selama sejam lagi untuk mengembang.
j) Panaskan ketuhar hingga 350°F (180°C).
k) Pukul sebiji telur dan sapu permukaan setiap brioche dengan cucian telur.
l) Bakar selama 15-20 minit atau sehingga perang keemasan.
m) Sejukkan Jalapeño dan Pepper Jack Brioche Rolls pada rak dawai.

67. Gouda dan Herb Brioche

BAHAN-BAHAN:
- 1/2 cawan susu
- 5 biji telur
- 1/3 cawan gula
- 3 1/2 cawan tepung serba guna
- 1 1/2 sudu teh yis kering aktif
- 1/2 sudu teh garam
- 1 cawan keju Gouda yang dicincang
- 1 cawan mentega beku, dipotong dadu
- 1 biji telur (untuk glaze)
- 1 sudu besar herba campuran

ARAHAN:
a) Dalam mesin roti, satukan susu, telur, gula, tepung, yis dan garam.
b) Selepas menguli awal, masukkan mentega beku yang dipotong dadu. Benarkan mesin roti melengkapkan kitaran doh.
c) Keluarkan doh, balut dengan filem dapur, dan sejukkan semalaman.
d) Sebelum dibakar, biarkan doh berehat di tempat yang hangat selama 1 jam. Bahagikan kepada 12 bahagian.
e) Bentuk bahagian doh yang besar menjadi sfera dan letakkan dalam cawan pembakar kek cawan mentega.
f) Tekan bahagian tengah setiap sfera besar untuk mencipta pendalaman.
g) Campurkan Gouda yang dicincang dengan herba campuran dan isikan pendalaman dengan campuran.
h) Tutup dengan tuala dan biarkan selama sejam lagi untuk mengembang.
i) Panaskan ketuhar hingga 350°F (180°C).
j) Sapu permukaan setiap brioche dengan telur yang telah dipukul.
k) Bakar selama 15-20 minit atau sehingga perang keemasan.
l) Sejukkan brioche pada rak dawai.

68. Keju Biru dan Brioche Walnut

BAHAN-BAHAN:
- 1/2 cawan susu
- 5 biji telur
- 1/3 cawan gula
- 3 1/2 cawan tepung serba guna
- 1 1/2 sudu teh yis kering aktif
- 1/2 sudu teh garam
- 1 cawan keju biru
- 1 cawan mentega beku, dipotong dadu
- 1 cawan walnut cincang
- 1 biji telur (untuk glaze)

ARAHAN:
a) Dalam mesin roti, satukan susu, telur, gula, tepung, yis dan garam.
b) Selepas menguli awal, masukkan mentega beku yang dipotong dadu. Benarkan mesin roti melengkapkan kitaran doh.
c) Keluarkan doh, balut dengan filem dapur, dan sejukkan semalaman.
d) Sebelum dibakar, biarkan doh berehat di tempat yang hangat selama 1 jam. Bahagikan kepada 12 bahagian.
e) Bentuk bahagian doh yang besar menjadi sfera dan letakkan dalam cawan pembakar kek cawan mentega.
f) Tekan bahagian tengah setiap sfera besar untuk mencipta pendalaman.
g) Hancurkan keju biru dan campurkan dengan walnut cincang.
h) Isikan pendalaman setiap sfera doh dengan campuran keju biru dan walnut.
i) Tutup dengan tuala dan biarkan selama sejam lagi untuk mengembang.
j) Panaskan ketuhar hingga 350°F (180°C).
k) Pukul sebiji telur dan sapu permukaan setiap brioche dengan cucian telur.
l) Bakar selama 15-20 minit atau sehingga perang keemasan.
m) Sejukkan Blue Cheese dan Walnut Brioche pada rak dawai.

NUTTY BRIOCHE

69. Brioche manis dengan kismis dan badam

BAHAN-BAHAN:
- 1 auns yis segar
- 4 auns Susu; direbus dan disejukkan hingga suam
- ½ auns garam halus
- 18 auns Tepung
- 6 biji telur
- 12 auns Mentega
- 3 auns Gula
- 7 auns Kismis
- 3 sudu besar Rum
- 4 auns badam keseluruhan; berkulit dan dibakar sangat ringan
- 1 kuning telur dicampur dengan:
- 1 sudu besar Susu
- Mentega untuk acuan
- Gula aising (gula tepung) untuk habuk

ARAHAN:
a) Masukkan yis dan susu ke dalam mangkuk pengadun anda dan pukul perlahan. Masukkan garam, kemudian tepung dan telur. Hidupkan pengadun pada kelajuan sederhana dan kerjakan adunan dengan cangkuk doh selama kira-kira 10 minit, sehingga doh licin dan elastik dengan banyak badan.

b) Campurkan bersama mentega dan gula, kurangkan kelajuan pengadun kepada rendah dan masukkan adunan mentega ke dalam doh, sedikit demi sedikit, bekerja doh secara berterusan.

c) Apabila semua mentega dimasukkan, tingkatkan kelajuan dan gaul selama 8 hingga 10 minit dalam pengadun atau kira-kira 15 minit dengan tangan, sehingga doh sangat licin dan berkilat. Ia harus lembut dan agak elastik dan akan keluar dari sisi mangkuk.

d) Tutup doh dengan lembaran penaik dan biarkan di tempat yang hangat, kira-kira 75F selama 2 jam, sehingga ia naik dua kali ganda secara pukal.

e) Ketuk doh dengan menumbuk dengan penumbuk tidak lebih daripada 2 atau 3 kali. Tutupnya dengan dulang pembakar dan sejukkan selama sekurang-kurangnya 4 jam, tetapi tidak lebih daripada 24 jam.

f) Penyediaan, kismis: Masukkan kismis ke dalam mangkuk dengan rum, tutup dengan filem berpaut dan biarkan hingga memerah selama beberapa jam.

PEMBENTUKAN:
g) Mentega acuan dan letakkan satu pertiga daripada badam di bahagian bawah rabung.
h) Di atas permukaan yang ditaburi sedikit tepung, canai doh yang telah disejukkan ke dalam segi empat tepat sempit yang cukup panjang untuk melapik bahagian bawah acuan.
i) Potong badam yang tinggal dan taburkannya dan kismis yang direndam rum di atas doh.
j) Canai doh menjadi bentuk sosej yang gemuk, tekan padat. Susun bulatkan bahagian bawah acuan dan tekan ke bawah perlahan-lahan.
k) Tutup kedua-dua tepi bersama-sama dengan sedikit kuning telur-campuran susu. Biarkan di tempat yang hangat. kira-kira 77F selama kira-kira 2½ jam, sehingga doh telah meningkat kepada tiga perempat mengisi acuan.
l) Panaskan ketuhar kepada 425F.
m) Bakar brioche dalam ketuhar yang telah dipanaskan selama 10 minit, kemudian turunkan suhu kepada 400F dan masak selama 35 minit lagi. Jika ia menjadi coklat di hujungnya, tutup dengan kertas minyak.
n) Terbalikkan brioche panas pada rak dawai, keluarkan acuan dengan berhati-hati dan kembalikan ke ketuhar selama 5 minit supaya bahagian tengahnya selesai masak dan menjadi berwarna cerah. Biarkan sejuk selama sekurang-kurangnya 2 jam sebelum dihidangkan.
o) Hidangan: Taburkan sedikit gula aising.

70. Brioche Karamel Kacang Pecan

BAHAN-BAHAN:
- 1/2 cawan susu
- 5 biji telur
- 1/3 cawan gula
- 3 1/2 cawan tepung serba guna
- 1 1/2 sudu teh yis kering aktif
- 1/2 sudu teh garam
- 1 cawan pecan cincang
- 1 cawan mentega beku, dipotong dadu
- 1/2 cawan sos karamel
- 1 biji telur (untuk glaze)

ARAHAN:
a) Dalam mesin roti, satukan susu, telur, gula, tepung, yis dan garam.
b) Selepas menguli awal, masukkan mentega beku yang dipotong dadu.
c) Benarkan mesin roti melengkapkan kitaran doh.
d) Keluarkan doh, balut dengan filem dapur, dan sejukkan semalaman.
e) Sebelum dibakar, biarkan doh berehat di tempat yang hangat selama 1 jam.
f) Bahagikan doh kepada 12 bahagian sama banyak.
g) Bentuk bahagian doh yang besar menjadi sfera dan letakkan dalam cawan pembakar kek cawan mentega.
h) Campurkan pecan cincang ke dalam doh.
i) Bentukkan doh kepada 12 bahagian dan masukkan ke dalam cawan pembakar kek cawan mentega.
j) Tekan bahagian tengah setiap sfera besar untuk mencipta pendalaman.
k) Isi pendalaman dengan sedikit sos karamel.
l) Tutup dengan tuala dan biarkan selama sejam lagi untuk mengembang.
m) Panaskan ketuhar hingga 350°F (180°C).
n) Pukul sebiji telur dan sapu permukaan setiap brioche dengan cucian telur.
o) Bakar selama 15-20 minit atau sehingga perang keemasan.
p) Sejukkan Nutty Pecan Karamel Brioche pada rak dawai.

71. Badam dan Madu Brioche Rolls

BAHAN-BAHAN:
- 1/2 cawan susu
- 5 biji telur
- 1/3 cawan gula
- 3 1/2 cawan tepung serba guna
- 1 1/2 sudu teh yis kering aktif
- 1/2 sudu teh garam
- 1 cawan hirisan badam
- 1 cawan mentega beku, dipotong dadu
- 1/4 cawan madu
- 1 biji telur (untuk glaze)

ARAHAN:
a) Dalam mesin roti, satukan susu, telur, gula, tepung, yis dan garam.
b) Selepas menguli awal, masukkan mentega beku yang dipotong dadu.
c) Benarkan mesin roti melengkapkan kitaran doh.
d) Keluarkan doh, balut dengan filem dapur, dan sejukkan semalaman.
e) Sebelum dibakar, biarkan doh berehat di tempat yang hangat selama 1 jam.
f) Bahagikan doh kepada 12 bahagian sama banyak.
g) Bentuk bahagian doh yang besar menjadi sfera dan letakkan dalam cawan pembakar kek cawan mentega.
h) Campurkan hirisan badam ke dalam doh.
i) Bentukkan doh kepada 12 bahagian dan masukkan ke dalam cawan pembakar kek cawan mentega.
j) Tekan bahagian tengah setiap sfera besar untuk mencipta pendalaman.
k) Siramkan sedikit madu ke dalam pendalaman setiap brioche.
l) Tutup dengan tuala dan biarkan selama sejam lagi untuk mengembang.
m) Panaskan ketuhar hingga 350°F (180°C).
n) Pukul sebiji telur dan sapu permukaan setiap brioche dengan cucian telur.
o) Bakar selama 15-20 minit atau sehingga perang keemasan.
p) Sejukkan Almond dan Honey Brioche Rolls di atas rak dawai.

72. Walnut dan Sirap Maple Brioche Knots

BAHAN-BAHAN:
- 1/2 cawan susu
- 5 biji telur
- 1/3 cawan gula
- 3 1/2 cawan tepung serba guna
- 1 1/2 sudu teh yis kering aktif
- 1/2 sudu teh garam
- 1 cawan walnut cincang
- 1 cawan mentega beku, dipotong dadu
- 1/2 cawan sirap maple
- 1 biji telur (untuk glaze)

ARAHAN:
a) Dalam mesin roti, satukan susu, telur, gula, tepung, yis dan garam.
b) Selepas menguli awal, masukkan mentega beku yang dipotong dadu.
c) Benarkan mesin roti melengkapkan kitaran doh.
d) Keluarkan doh, balut dengan filem dapur, dan sejukkan semalaman.
e) Sebelum dibakar, biarkan doh berehat di tempat yang hangat selama 1 jam.
f) Bahagikan doh kepada 12 bahagian sama banyak.
g) Bentuk bahagian doh yang besar menjadi sfera dan letakkan dalam cawan pembakar kek cawan mentega.
h) Campurkan walnut cincang ke dalam doh.
i) Bentukkan doh menjadi simpulan dan letakkan di atas loyang.
j) Sirap sirap maple ke atas setiap simpulan brioche.
k) Tutup dengan tuala dan biarkan selama sejam lagi untuk mengembang.
l) Panaskan ketuhar hingga 350°F (180°C).
m) Pukul sebiji telur dan sapu permukaan setiap simpulan brioche dengan cucian telur.
n) Bakar selama 15-20 minit atau sehingga perang keemasan.
o) Sejukkan Walnut dan Sirap Maple Brioche Knots pada rak dawai.

73. Pusaran Brioche Chip Coklat Hazelnut

BAHAN-BAHAN:
- 1/2 cawan susu
- 5 biji telur
- 1/3 cawan gula
- 3 1/2 cawan tepung serba guna
- 1 1/2 sudu teh yis kering aktif
- 1/2 sudu teh garam
- 1 cawan hazelnut dicincang
- 1 cawan mentega beku, dipotong dadu
- 1/2 cawan cip coklat
- 1 biji telur (untuk glaze)

ARAHAN:

a) Dalam mesin roti, satukan susu, telur, gula, tepung, yis dan garam.
b) Selepas menguli awal, masukkan mentega beku yang dipotong dadu.
c) Benarkan mesin roti melengkapkan kitaran doh.
d) Keluarkan doh, balut dengan filem dapur, dan sejukkan semalaman.
e) Sebelum dibakar, biarkan doh berehat di tempat yang hangat selama 1 jam.
f) Bahagikan doh kepada 12 bahagian sama banyak.
g) Bentuk bahagian doh yang besar menjadi sfera dan letakkan dalam cawan pembakar kek cawan mentega.
h) Campurkan hazelnut dan cip coklat yang dicincang ke dalam doh.
i) Canai doh menjadi segi empat tepat dan taburkan adunan kacang dan coklat sehingga rata.
j) Canai doh ke dalam loyang dan potong 12 bulatan.
k) Letakkan bulatan dalam cawan pembakar kek cawan mentega.
l) Tutup dengan tuala dan biarkan selama sejam lagi untuk mengembang.
m) Panaskan ketuhar hingga 350°F (180°C).
n) Pukul sebiji telur dan sapu permukaan setiap pusingan brioche dengan pencuci telur.
o) Bakar selama 15-20 minit atau sehingga perang keemasan.
p) Sejukkan Hazelnut Chocolate Chip Brioche Swirls pada rak dawai.

74. Gajus dan Peha Oren Brioche

BAHAN-BAHAN:
- 1/2 cawan susu
- 5 biji telur
- 1/3 cawan gula
- 3 1/2 cawan tepung serba guna
- 1 1/2 sudu teh yis kering aktif
- 1/2 sudu teh garam
- 1 cawan gajus cincang
- 1 cawan mentega beku, dipotong dadu
- Serbuk 2 biji oren
- 1 biji telur (untuk glaze)

ARAHAN:
a) Dalam mesin roti, satukan susu, telur, gula, tepung, yis dan garam.
b) Selepas menguli awal, masukkan mentega beku yang dipotong dadu.
c) Benarkan mesin roti melengkapkan kitaran doh.
d) Keluarkan doh, balut dengan filem dapur, dan sejukkan semalaman.
e) Sebelum dibakar, biarkan doh berehat di tempat yang hangat selama 1 jam.
f) Bahagikan doh kepada 12 bahagian sama banyak.
g) Bentuk bahagian doh yang besar menjadi sfera dan letakkan dalam cawan pembakar kek cawan mentega.
h) Campurkan gajus cincang dan kulit oren ke dalam doh.
i) Bentukkan doh kepada 12 bahagian dan masukkan ke dalam cawan pembakar kek cawan mentega.
j) Tekan bahagian tengah setiap sfera besar untuk mencipta pendalaman.
k) Tutup dengan tuala dan biarkan selama sejam lagi untuk mengembang.
l) Panaskan ketuhar hingga 350°F (180°C).
m) Pukul sebiji telur dan sapu permukaan setiap brioche dengan cucian telur.
n) Bakar selama 15-20 minit atau sehingga perang keemasan.
o) Sejukkan Gajus dan Orange Zest Brioche pada rak dawai.

75. Pistachio dan Raspberry Jam Brioche Knots

BAHAN-BAHAN:
- 1/2 cawan susu
- 5 biji telur
- 1/3 cawan gula
- 3 1/2 cawan tepung serba guna
- 1 1/2 sudu teh yis kering aktif
- 1/2 sudu teh garam
- 1 cawan pistachio cincang
- 1 cawan mentega beku, dipotong dadu
- Jem raspberi
- 1 biji telur (untuk glaze)

ARAHAN:
a) Dalam mesin roti, satukan susu, telur, gula, tepung, yis dan garam.
b) Selepas menguli awal, masukkan mentega beku yang dipotong dadu.
c) Benarkan mesin roti melengkapkan kitaran doh.
d) Keluarkan doh, balut dengan filem dapur, dan sejukkan semalaman.
e) Sebelum dibakar, biarkan doh berehat di tempat yang hangat selama 1 jam.
f) Bahagikan doh kepada 12 bahagian sama banyak.
g) Bentuk bahagian doh yang besar menjadi sfera dan letakkan dalam cawan pembakar kek cawan mentega.
h) Campurkan pistachio cincang ke dalam doh.
i) Bentukkan doh menjadi simpulan dan letakkan di atas loyang.
j) Buat lekukan kecil di setiap simpulan dan isi dengan jem raspberi.
k) Tutup dengan tuala dan biarkan selama sejam lagi untuk mengembang.
l) Panaskan ketuhar hingga 350°F (180°C).
m) Pukul sebiji telur dan sapu permukaan setiap simpulan brioche dengan cucian telur.
n) Bakar selama 15-20 minit atau sehingga perang keemasan.
o) Sejukkan Pistachio dan Raspberry Jam Brioche Knots pada rak dawai.

76. Kacang Macadamia dan Pusaran Brioche Kelapa

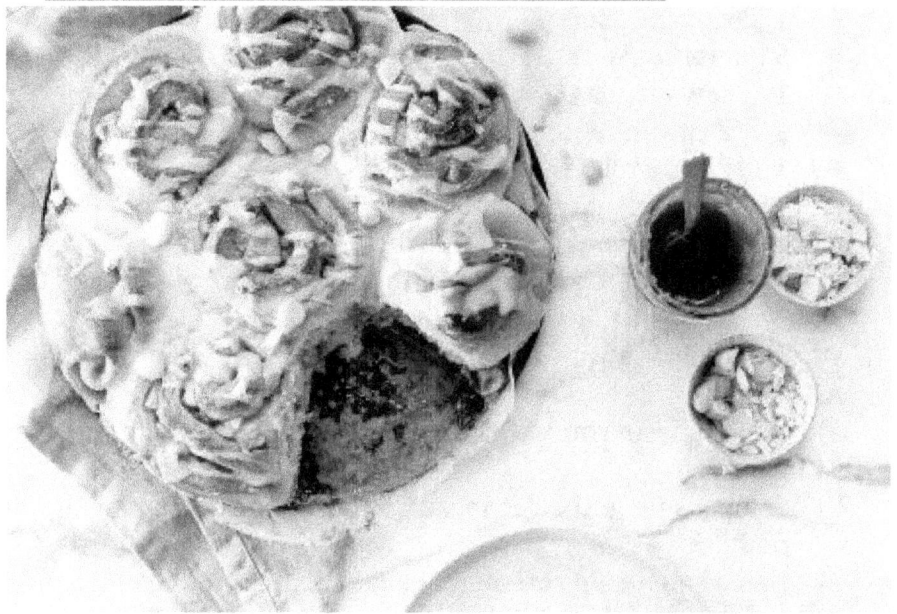

BAHAN-BAHAN:
- 1/2 cawan susu
- 5 biji telur
- 1/3 cawan gula
- 3 1/2 cawan tepung serba guna
- 1 1/2 sudu teh yis kering aktif
- 1/2 sudu teh garam
- 1 cawan kacang macadamia dicincang
- 1 cawan mentega beku, dipotong dadu
- 1/2 cawan kelapa parut
- 1 biji telur (untuk glaze)

ARAHAN:
a) Dalam mesin roti, satukan susu, telur, gula, tepung, yis dan garam.
b) Selepas menguli awal, masukkan mentega beku yang dipotong dadu.
c) Benarkan mesin roti melengkapkan kitaran doh.
d) Keluarkan doh, balut dengan filem dapur, dan sejukkan semalaman.
e) Sebelum dibakar, biarkan doh berehat di tempat yang hangat selama 1 jam.
f) Bahagikan doh kepada 12 bahagian sama banyak.
g) Bentuk bahagian doh yang besar menjadi sfera dan letakkan dalam cawan pembakar kek cawan mentega.
h) Campurkan kacang macadamia cincang dan kelapa parut ke dalam doh.
i) Canai doh menjadi segi empat tepat dan taburkan bancuhan kacang dan kelapa hingga rata.
j) Canai doh ke dalam loyang dan potong 12 bulatan.
k) Letakkan bulatan dalam cawan pembakar kek cawan mentega.
l) Tutup dengan tuala dan biarkan selama sejam lagi untuk mengembang.
m) Panaskan ketuhar hingga 350°F (180°C).
n) Pukul sebiji telur dan sapu permukaan setiap pusingan brioche dengan pencuci telur.
o) Bakar selama 15-20 minit atau sehingga perang keemasan.
p) Sejukkan Macadamia Nut dan Coconut Brioche Swirls pada rak dawai.

77. Hazelnut dan Espresso Glaze Brioche

BAHAN-BAHAN:
- 1/2 cawan susu
- 5 biji telur
- 1/3 cawan gula
- 3 1/2 cawan tepung serba guna
- 1 1/2 sudu teh yis kering aktif
- 1/2 sudu teh garam
- 1 cawan hazelnut dicincang
- 1 cawan mentega beku, dipotong dadu
- 1/4 cawan espresso yang dibancuh kuat
- 1 cawan gula tepung
- 1 biji telur (untuk glaze)

ARAHAN:
a) Dalam mesin roti, satukan susu, telur, gula, tepung, yis dan garam.
b) Selepas menguli awal, masukkan mentega beku yang dipotong dadu.
c) Benarkan mesin roti melengkapkan kitaran doh.
d) Keluarkan doh, balut dengan filem dapur, dan sejukkan semalaman.
e) Sebelum dibakar, biarkan doh berehat di tempat yang hangat selama 1 jam.
f) Bahagikan doh kepada 12 bahagian sama banyak.
g) Bentuk bahagian doh yang besar menjadi sfera dan letakkan dalam cawan pembakar kek cawan mentega.
h) Campurkan kacang hazel yang dicincang ke dalam doh.
i) Bentukkan doh kepada 12 bahagian dan masukkan ke dalam cawan pembakar kek cawan mentega.
j) Tekan bahagian tengah setiap sfera besar untuk mencipta pendalaman.
k) Tutup dengan tuala dan biarkan selama sejam lagi untuk mengembang.
l) Panaskan ketuhar hingga 350°F (180°C).
m) Pukul sebiji telur dan sapu permukaan setiap brioche dengan cucian telur.
n) Bakar selama 15-20 minit atau sehingga perang keemasan.
o) Sejukkan Hazelnut dan Espresso Glaze Brioche pada rak dawai.

BRIOCHE FLORAL

78. Brioche tepung jagung Lavender

BAHAN-BAHAN:
- 4 cawan Putih; tepung yang tidak dilunturkan
- 1 cawan Tepung jagung
- 1 sudu teh Garam
- 1 sudu teh Lavender
- 8 auns susu tanpa lemak suam; dipanaskan hingga 85 darjah
- 1 sudu besar Yis segar
- 1 sudu besar Madu
- 2 telur keseluruhan; dipukul

ARAHAN:
a) Masukkan yis ke dalam air dan madu dan biarkan di tempat yang hangat sehingga berbuih, kemudian masukkan telur yang telah dipukul.
b) Satukan bahan basah dan kering dan uli selama 8 minit. Letakkan di tempat yang hangat dan biarkan doh mengembang sehingga ia mengembang dua kali ganda.
c) Kemudian, tumbuk ke bawah dan bentukkan mengikut bentuk yang diingini. Biarkan adunan doh mengembang semula sehingga mengembang dua kali ganda dan bakar pada suhu 350 darjah selama 25-30 minit.
d) Masa membakar akan berbeza-beza bergantung pada bentuk dan saiz roti.
e) Ia dilakukan apabila ia kelihatan coklat muda dan berbunyi kosong apabila diketuk.

79.Brioche Madu Lavender

BAHAN-BAHAN:
- 1/2 cawan susu
- 5 biji telur
- 1/3 cawan gula
- 3 1/2 cawan tepung serba guna
- 1 1/2 sudu teh yis kering aktif
- 1/2 sudu teh garam
- 2 sudu besar bunga lavender kering (gred masakan)
- 1 cawan mentega beku, dipotong dadu
- 1/4 cawan madu
- 1 biji telur (untuk glaze)

ARAHAN:
a) Dalam mesin roti, satukan susu, telur, gula, tepung, yis dan garam.
b) Selepas menguli awal, masukkan mentega beku yang dipotong dadu dan bunga lavender kering.
c) Benarkan mesin roti melengkapkan kitaran doh.
d) Keluarkan doh, balut dengan filem dapur, dan sejukkan semalaman.
e) Sebelum dibakar, biarkan doh berehat di tempat yang hangat selama 1 jam. Bahagikan kepada 12 bahagian.
f) Bentuk bahagian doh yang besar menjadi sfera dan letakkan dalam cawan pembakar kek cawan mentega.
g) Tekan bahagian tengah setiap sfera besar untuk mencipta pendalaman.
h) Tuangkan madu ke dalam pendalaman setiap brioche.
i) Tutup dengan tuala dan biarkan selama sejam lagi untuk mengembang.
j) Panaskan ketuhar hingga 350°F (180°C).
k) Pukul sebiji telur dan sapu permukaan setiap brioche dengan cucian telur.
l) Bakar selama 15-20 minit atau sehingga perang keemasan.
m) Sejukkan Lavender Honey Brioche pada rak dawai.

80.Kelopak Mawar dan Simpul Brioche Pelaga

BAHAN-BAHAN:
- 1/2 cawan susu
- 5 biji telur
- 1/3 cawan gula
- 3 1/2 cawan tepung serba guna
- 1 1/2 sudu teh yis kering aktif
- 1/2 sudu teh garam
- Kelopak dari 2 mawar organik (dibasuh dan dicincang halus)
- 1 cawan mentega beku, dipotong dadu
- 1 sudu teh buah pelaga yang dikisar
- 1 biji telur (untuk glaze)

ARAHAN:
a) Dalam mesin roti, satukan susu, telur, gula, tepung, yis dan garam.
b) Selepas menguli awal, masukkan mentega beku yang dipotong dadu.
c) Benarkan mesin roti melengkapkan kitaran doh.
d) Keluarkan doh, balut dengan filem dapur, dan sejukkan semalaman.
e) Sebelum dibakar, biarkan doh berehat di tempat yang hangat selama 1 jam.
f) Bahagikan doh kepada 12 bahagian sama banyak.
g) Bentuk bahagian doh yang besar menjadi sfera dan letakkan dalam cawan pembakar kek cawan mentega.
h) Campurkan kelopak mawar dan buah pelaga yang dikisar ke dalam doh.
i) Bentukkan doh menjadi simpulan dan letakkan di atas loyang.
j) Tutup dengan tuala dan biarkan selama sejam lagi untuk mengembang.
k) Panaskan ketuhar hingga 350°F (180°C).
l) Pukul sebiji telur dan sapu permukaan setiap simpulan brioche dengan cucian telur.
m) Bakar selama 15-20 minit atau sehingga perang keemasan.
n) Sejukkan Rose Petal dan Cardamom Brioche Knots pada rak dawai.

81.Pusaran Bunga Oren dan Pistachio Brioche

BAHAN-BAHAN:
- 1/2 cawan susu
- 5 biji telur
- 1/3 cawan gula
- 3 1/2 cawan tepung serba guna
- 1 1/2 sudu teh yis kering aktif
- 1/2 sudu teh garam
- 1/4 cawan pistachio cincang
- 1 cawan mentega beku, dipotong dadu
- 1 sudu teh air bunga oren
- 1 biji telur (untuk glaze)

ARAHAN:
a) Dalam mesin roti, satukan susu, telur, gula, tepung, yis dan garam.
b) Selepas menguli awal, masukkan mentega beku yang dipotong dadu.
c) Benarkan mesin roti melengkapkan kitaran doh.
d) Keluarkan doh, balut dengan filem dapur, dan sejukkan semalaman.
e) Sebelum dibakar, biarkan doh berehat di tempat yang hangat selama 1 jam.
f) Bahagikan doh kepada 12 bahagian sama banyak.
g) Bentuk bahagian doh yang besar menjadi sfera dan letakkan dalam cawan pembakar kek cawan mentega.
h) Campurkan pistachio cincang dan air bunga oren ke dalam doh.
i) Canai doh menjadi segi empat tepat dan taburkan adunan pistachio dengan rata.
j) Canai doh ke dalam loyang dan potong 12 bulatan.
k) Letakkan bulatan dalam cawan pembakar kek cawan mentega.
l) Tutup dengan tuala dan biarkan selama sejam lagi untuk mengembang.
m) Panaskan ketuhar hingga 350°F (180°C).
n) Pukul sebiji telur dan sapu permukaan setiap pusingan brioche dengan pencuci telur.
o) Bakar selama 15-20 minit atau sehingga perang keemasan.
p) Sejukkan Orange Blossom dan Pistachio Brioche Swirls pada rak dawai.

82. Chamomile dan Lemon Zest Brioche

BAHAN-BAHAN:
- 1/2 cawan susu
- 5 biji telur
- 1/3 cawan gula
- 3 1/2 cawan tepung serba guna
- 1 1/2 sudu teh yis kering aktif
- 1/2 sudu teh garam
- 2 sudu besar bunga chamomile kering (gred masakan)
- Perahan 2 biji lemon
- 1 cawan mentega beku, dipotong dadu
- 1 biji telur (untuk glaze)

ARAHAN:
a) Dalam mesin roti, satukan susu, telur, gula, tepung, yis dan garam.
b) Selepas menguli awal, masukkan mentega beku yang dipotong dadu, bunga chamomile kering, dan kulit limau.
c) Benarkan mesin roti melengkapkan kitaran doh.
d) Keluarkan doh, balut dengan filem dapur, dan sejukkan semalaman.
e) Sebelum dibakar, biarkan doh berehat di tempat yang hangat selama 1 jam. Bahagikan kepada 12 bahagian.
f) Bentuk bahagian doh yang besar menjadi sfera dan letakkan dalam cawan pembakar kek cawan mentega.
g) Tekan bahagian tengah setiap sfera besar untuk mencipta pendalaman.
h) Tutup dengan tuala dan biarkan selama sejam lagi untuk mengembang.
i) Panaskan ketuhar hingga 350°F (180°C).
j) Pukul sebiji telur dan sapu permukaan setiap brioche dengan cucian telur.
k) Bakar selama 15-20 minit atau sehingga perang keemasan.
l) Sejukkan Chamomile dan Lemon Zest Brioche pada rak dawai.

83. Teh Jasmine dan Peach Brioche Rolls

BAHAN-BAHAN:
- 1/2 cawan susu
- 5 biji telur
- 1/3 cawan gula
- 3 1/2 cawan tepung serba guna
- 1 1/2 sudu teh yis kering aktif
- 1/2 sudu teh garam
- 2 sudu besar daun teh melati (longgar atau dari uncang teh)
- 1 cawan mentega beku, dipotong dadu
- 1 cawan pic segar yang dipotong dadu
- 1 biji telur (untuk glaze)

ARAHAN:
a) Dalam mesin roti, satukan susu, telur, gula, tepung, yis dan garam.
b) Selepas menguli awal, masukkan mentega beku yang dipotong dadu.
c) Benarkan mesin roti melengkapkan kitaran doh.
d) Keluarkan doh, balut dengan filem dapur, dan sejukkan semalaman.
e) Sebelum dibakar, biarkan doh berehat di tempat yang hangat selama 1 jam.
f) Bahagikan doh kepada 12 bahagian sama banyak.
g) Bentuk bahagian doh yang besar menjadi sfera dan letakkan dalam cawan pembakar kek cawan mentega.
h) Campurkan daun teh melur ke dalam doh.
i) Bentukkan doh kepada 12 bahagian dan masukkan ke dalam cawan pembakar kek cawan mentega.
j) Tekan bahagian tengah setiap sfera besar untuk mencipta pendalaman.
k) Isi pendalaman dengan pic segar yang dipotong dadu.
l) Tutup dengan tuala dan biarkan selama sejam lagi untuk mengembang.
m) Panaskan ketuhar hingga 350°F (180°C).
n) Pukul sebiji telur dan sapu permukaan setiap brioche dengan cucian telur.
o) Bakar selama 15-20 minit atau sehingga perang keemasan.
p) Sejukkan Teh Jasmine dan Peach Brioche Rolls di atas rak dawai.

84.Simpulan Bunga Raya dan Berry Brioche

BAHAN-BAHAN:
- 1/2 cawan susu
- 5 biji telur
- 1/3 cawan gula
- 3 1/2 cawan tepung serba guna
- 1 1/2 sudu teh yis kering aktif
- 1/2 sudu teh garam
- 2 sudu besar bunga raya kering (gred masakan)
- 1 cawan mentega beku, dipotong dadu
- 1 cawan beri campuran (strawberi, beri biru, raspberi)
- 1 biji telur (untuk glaze)

ARAHAN:
a) Dalam mesin roti, satukan susu, telur, gula, tepung, yis dan garam.
b) Selepas menguli awal, masukkan mentega beku yang dipotong dadu.
c) Benarkan mesin roti melengkapkan kitaran doh.
d) Keluarkan doh, balut dengan filem dapur, dan sejukkan semalaman.
e) Sebelum dibakar, biarkan doh berehat di tempat yang hangat selama 1 jam.
f) Bahagikan doh kepada 12 bahagian sama banyak.
g) Bentuk bahagian doh yang besar menjadi sfera dan letakkan dalam cawan pembakar kek cawan mentega.
h) Campurkan bunga raya kering ke dalam doh.
i) Bentukkan doh menjadi simpulan dan letakkan di atas loyang.
j) Tekan bahagian tengah setiap simpulan dan isi dengan beri campuran.
k) Tutup dengan tuala dan biarkan selama sejam lagi untuk mengembang.
l) Panaskan ketuhar hingga 350°F (180°C).
m) Pukul sebiji telur dan sapu permukaan setiap simpulan brioche dengan cucian telur.
n) Bakar selama 15-20 minit atau sehingga perang keemasan.
o) Sejukkan Hibiscus dan Berry Brioche Knots pada rak dawai.

85. Violet dan Lemon Brioche Pusaran

BAHAN-BAHAN:
- 1/2 cawan susu
- 5 biji telur
- 1/3 cawan gula
- 3 1/2 cawan tepung serba guna
- 1 1/2 sudu teh yis kering aktif
- 1/2 sudu teh garam
- 2 sudu besar kelopak violet kering (gred masakan)
- Perahan 2 biji lemon
- 1 cawan mentega beku, dipotong dadu
- 1 biji telur (untuk glaze)

ARAHAN:
a) Dalam mesin roti, satukan susu, telur, gula, tepung, yis dan garam.
b) Selepas menguli awal, masukkan mentega beku yang dipotong dadu.
c) Benarkan mesin roti melengkapkan kitaran doh.
d) Keluarkan doh, balut dengan filem dapur, dan sejukkan semalaman.
e) Sebelum dibakar, biarkan doh berehat di tempat yang hangat selama 1 jam.
f) Bahagikan doh kepada 12 bahagian sama banyak.
g) Bentuk bahagian doh yang besar menjadi sfera dan letakkan dalam cawan pembakar kek cawan mentega.
h) Campurkan kelopak violet kering dan kulit limau ke dalam doh.
i) Canai doh menjadi segi empat tepat dan taburkan adunan bunga hingga rata.
j) Canai doh ke dalam loyang dan potong 12 bulatan.
k) Letakkan bulatan dalam cawan pembakar kek cawan mentega.
l) Tutup dengan tuala dan biarkan selama sejam lagi untuk mengembang.
m) Panaskan ketuhar hingga 350°F (180°C).
n) Pukul sebiji telur dan sapu permukaan setiap pusingan brioche dengan pencuci telur.
o) Bakar selama 15-20 minit atau sehingga perang keemasan.
p) Sejukkan Violet dan Lemon Brioche Swirls pada rak dawai.

86. Elderflower dan Blueberry Brioche

BAHAN-BAHAN:
- 1/2 cawan susu
- 5 biji telur
- 1/3 cawan gula
- 3 1/2 cawan tepung serba guna
- 1 1/2 sudu teh yis kering aktif
- 1/2 sudu teh garam
- 2 sudu besar sirap bunga tua atau pekat
- 1 cawan mentega beku, dipotong dadu
- 1 cawan beri biru segar
- 1 biji telur (untuk glaze)

ARAHAN:
a) Dalam mesin roti, satukan susu, telur, gula, tepung, yis dan garam.
b) Selepas menguli awal, masukkan mentega beku yang dipotong dadu.
c) Benarkan mesin roti melengkapkan kitaran doh.
d) Keluarkan doh, balut dengan filem dapur, dan sejukkan semalaman.
e) Sebelum dibakar, biarkan doh berehat di tempat yang hangat selama 1 jam.
f) Bahagikan doh kepada 12 bahagian sama banyak.
g) Bentuk bahagian doh yang besar menjadi sfera dan letakkan dalam cawan pembakar kek cawan mentega.
h) Campurkan sirap bunga elder atau pekat ke dalam doh.
i) Bentukkan doh kepada 12 bahagian dan masukkan ke dalam cawan pembakar kek cawan mentega.
j) Tekan bahagian tengah setiap sfera besar untuk mencipta pendalaman.
k) Isi pendalaman dengan beri biru segar.
l) Tutup dengan tuala dan biarkan selama sejam lagi untuk mengembang.
m) Panaskan ketuhar hingga 350°F (180°C).
n) Pukul sebiji telur dan sapu permukaan setiap brioche dengan cucian telur.
o) Bakar selama 15-20 minit atau sehingga perang keemasan.
p) Sejukkan Elderflower dan Blueberry Brioche pada rak dawai.

CHALLAH BRIOCHE

87. Mesin Roti Challah

BAHAN-BAHAN:
- 2 biji Telur besar
- ⅝ cawan Air Suam
- 1½ sudu besar Minyak Jagung atau minyak hambar lain
- ½ sudu teh Garam
- 4½ sudu besar Gula
- 3 cawan Tepung Roti
- 2¼ sudu teh Rapid-Rise Yis

ARAHAN:
a) Ikut urutan yang ditentukan untuk bahan-bahan, menambahnya pada mesin roti dalam susunan pilihan pengeluar. Sebagai contoh, dengan mesin Hitachi, mulakan dengan bahan basah dahulu, tetapi untuk mesin lain, bermula dengan bahan kering tidak mengapa.
b) Pilih mod doh pada mesin roti anda. Jika menggunakan mesin Hibachi 1.5 lb, tambah yis kira-kira 30 saat selepas adunan bermula. Jika menggunakan mesin lain, anda boleh meletakkan yis di atas bahan kering.
c) Setelah kitaran doh selesai, keluarkan doh dan tumbuk di atas permukaan yang ditapis. Doh akan menjadi sedikit melekit dan sangat gebu.
d) Selepas berehat selama beberapa minit, bahagikan doh kepada tiga, gulung setiap bahagian menjadi tali, dan tocang mereka bersama-sama.
e) Biarkan doh tocang mengembang sehingga saiznya hampir dua kali ganda, yang biasanya mengambil masa kira-kira 45 minit. Letakkan roti tocang di atas loyang yang telah dioles sedikit minyak untuk naik.
f) Panaskan ketuhar hingga 350°F (175°C). Bakar challah selama kira-kira 25 minit atau sehingga ia berwarna perang keemasan. Anda boleh memberinya cucian telur secara pilihan untuk kemasan berkilat, tetapi roti harus berwarna perang dengan baik tanpanya.

88. Mayonis Challah

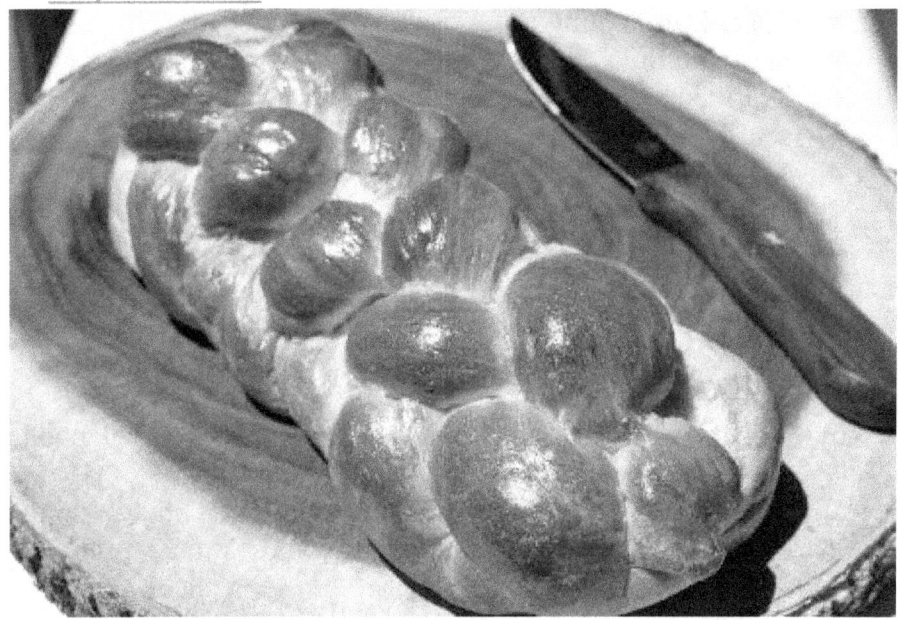

BAHAN-BAHAN:
- 7½ cawan Tepung
- ¼ cawan Gula
- 2 bungkus Yis Kering
- 1 sudu teh Garam
- 1½ cawan Air Suam
- ½ cawan Mayonis (BUKAN salad dressing)
- 4 biji telur

ARAHAN:
a) Dalam mangkuk adunan, satukan 2 cawan tepung, garam, gula dan yis kering.
b) Masukkan air suam dan pukul dengan mixer elektrik pada kelajuan rendah selama 2 minit.
c) Tambah 2 cawan lagi tepung, mayonis, dan 3 biji telur. Pukul dengan mixer pada kelajuan sederhana selama 2 minit tambahan.
d) Kacau, dengan tangan, tepung tambahan yang cukup (anggaran 3 cawan) untuk membentuk doh yang licin dan elastik. Uli doh, tambah lagi tepung mengikut keperluan untuk mencapai tekstur yang diingini.
e) Letakkan doh dalam mangkuk yang telah digris, tutup dan biarkan sehingga naik dua kali ganda.
f) Tebuk doh dan bahagikan kepada separuh (atau sepertiga untuk roti yang lebih kecil). Tutup dan biarkan doh berehat selama 10 minit.
g) Bahagikan setiap separuh kepada tiga kepingan panjang seperti tali. Jalinkan tiga keping menjadi satu roti.
h) Letakkan roti jalinan di atas loyang yang telah digris dan sapu dengan pencuci telur menggunakan telur keempat. Secara pilihan, taburkan popia atau topping lain.
i) Biarkan roti tocang mengembang sehingga mengembang dua kali ganda.
j) Panaskan ketuhar hingga 375°F (190°C) dan bakar challah selama kira-kira 30 minit atau sehingga ia diuji dan berwarna perang dengan baik.
k) Mayonis Challah ini membeku dengan baik untuk kegunaan masa hadapan.

89. Challah Jalinan Enam

BAHAN-BAHAN:
- 2 pek Yis Kering Aktif
- ¼ hingga ½ cawan Gula
- 1¼ cawan Air Suam (105 hingga 115 darjah)
- 5 hingga 6 cawan Tepung Roti
- 2 sudu teh Garam
- 3 biji Telur besar
- ¼ cawan Pemendekan Sayuran
- 1 genggam Bijan atau Biji Popi
- Tepung jagung untuk habuk

ARAHAN:
a) Dalam bekas besar, larutkan yis dan secubit gula dalam 1 cawan air suam (105 hingga 115 darjah). Biarkan ia berdiri selama 10 minit.
b) Letakkan tepung dalam mangkuk besar dan masukkan campuran yis terlarut. Kacau dengan sudu. Masukkan baki gula, garam, 2 biji telur, dan pemendekan sayur.
c) Pukul kira-kira satu minit dan kemudian gaul dengan tangan. Balikkan doh ke atas permukaan yang ditaburi sedikit tepung dan uli selama kira-kira 15 minit sehingga lembut, tambah lebih banyak air atau tepung jika perlu. Sebagai alternatif, gunakan cangkuk doh dalam pengadun untuk mengadun dan menguli.
d) Letakkan doh dalam mangkuk yang telah digris sedikit, terbalikkan untuk memastikan keseluruhan permukaan digris sedikit. Tutup mangkuk dengan kain dan biarkan ia naik di tempat yang hangat (75 hingga 80 darjah) selama kira-kira sejam atau sehingga doh mengembang dua kali ganda.
e) Tebuk doh dan bahagikan kepada 2 bebola. Bahagikan setiap bola kepada 6 kepingan seperti ular, setiap satu kira-kira 12 inci panjang.
f) Letakkan semua 6 helai pada papan bersebelahan, tekan 6 hujung bersama-sama. Bahagikan kepada 2 kumpulan 3 helai dan jalinkan. Ambil helai dari hujung kiri dan letakkan di atas 2 yang lain dan ke tengah. Teruskan tocang sehingga doh habis. Picit hujungnya bersama-sama. Ulangi dengan roti kedua.

g) Untuk pilihan yang lebih mudah, bahagikan setiap bola kepada 3 helai dan jalinkan. Letakkan jalur luar di atas yang tengah, kemudian di bawah yang ketiga. Tarik jalur ketat dan teruskan jalinan. Selitkan di hujung dan ulangi dengan baki 3 jalur.

h) Menggunakan berus pastri, sapu challah dengan baki telur yang dicampur dengan air dan taburkan dengan bijan atau biji popi.

i) Selepas memberus roti, celupkan jari kedua anda ke dalam basuhan telur dan inden bahagian atas tocang. Celupkan jari anda ke dalam biji benih dan sentuh kawasan yang disentuh sekali lagi untuk reka bentuk yang lebih menarik.

j) Taburkan kepingan biskut dengan tepung jagung dan letakkan roti di atas. Tutup dengan kepingan plastik dan biarkan mereka naik selama 30 minit di tempat yang hangat.

k) Panaskan ketuhar hingga 375°F (190°C). Bakar challah selama kira-kira 30 minit atau sehingga keemasan.

90.Challah Tanpa Minyak

BAHAN-BAHAN:
- 1½ cawan Air
- 2 biji telur
- 1½ sudu besar Sos Epal
- 1½ sudu teh Garam
- 3 sudu besar Madu
- 3 sudu besar Gula
- 5 cawan Tepung Putih (atau tepung roti putih - tinggalkan gluten)
- 1½ sudu besar Gluten Gandum
- 3 sudu kecil Yis
- 5 titis Pewarna Makanan Kuning (pilihan)
- ¾ cawan Kismis (pilihan)

ARAHAN:
a) Tambahkan bahan-bahan pada Mesin Roti (ABM) mengikut susunan yang ditentukan oleh model. Pilih kitaran "DOUGH".
b) Semasa menguli kedua, tambahkan ¾ cawan kismis jika mahu.
c) Setelah ABM melengkapkan kitaran doh, keluarkan doh dan bahagikan kepada tiga bahagian.
d) Tutup setiap bahagian sedikit dengan bungkus plastik (anda boleh sembur sedikit dengan PAM untuk mengelakkan melekat) dan biarkan doh mengembang selama satu jam.
e) Canai setiap bahagian dan tocang doh. Basahkan sedikit hujungnya untuk membantunya melekat, dan lipat sedikit di bawah roti untuk penampilan bulat.
f) Letakkan setiap roti jalinan pada helaian biskut yang telah disembur sedikit dengan PAM. Tutup roti dengan bungkus plastik dan biarkan ia naik selama sejam lagi.
g) Panaskan ketuhar hingga 350 darjah Fahrenheit (175 darjah Celsius).
h) Sapu setiap roti dengan sebiji telur yang telah dipukul (Pemukul Telur boleh digunakan, dan beberapa sudu teh sudah memadai).
i) Bakar dalam ketuhar yang telah dipanaskan selama 25-30 minit atau sehingga kekuningan.

91. Raisin Challah

BAHAN-BAHAN:
- 4 cawan Air Suam
- 2 sudu besar Yis Kering
- 4 biji telur
- ½ cawan Minyak
- ½ cawan madu
- 2 cawan Kismis
- 14 hingga 15 cawan Tepung
- 1 sudu besar Garam Kasar

sayu:
- 1 Telur, Dipukul
- Biji popi

ARAHAN:
a) Tuangkan air suam ke dalam mangkuk adunan yang besar. Kacau dalam yis, telur, minyak, madu, dan kismis. Gaul rata dan masukkan kira-kira separuh daripada tepung. Biarkan adunan berehat selama 45 minit hingga 1 jam.
b) Masukkan garam dan sebahagian besar baki tepung. Gaul dan uli sehingga doh lembut. Biarkan doh mengembang semula selama 1 jam, atau teruskan tanpa kenaikan kedua untuk proses yang lebih cepat.
c) Bahagikan doh dan bentukkan kepada roti. Letakkan roti yang telah dibentuk dalam kuali yang telah digris dan biarkan ia mengembang selama 45 minit hingga 1 jam.
d) Panaskan ketuhar hingga 350°F (175°C).
e) Untuk sayu, pukul sebiji telur dan sapu pada bahagian atas roti. Taburkan biji popia di atas.
f) Bakar selama 45 minit hingga 1 jam untuk roti atau 30 minit untuk gulung, atau sehingga ia berwarna perang keemasan dan bunyi berongga apabila diketuk.

92. Challah lembut

BAHAN-BAHAN:
- 1½ cawan Kismis Gelap atau Kuning, gebu
- 1¾ cawan Air Suam
- 2 sudu besar Yis Kering
- 1 secubit Gula
- ⅓ cawan Gula
- ⅓ cawan Madu Ringan
- 3½ sudu teh Garam
- ½ cawan Minyak
- 3 biji telur
- 2 biji kuning telur
- 6 hingga 7 cawan Tepung Roti, lebih kurang
- 2 sudu besar Air
- 2 sudu teh Gula
- 1 biji telur
- 1 Telur Kuning

Basuh Telur:
- 1 biji telur
- 1 Telur Kuning

ARAHAN:

a) Dalam mangkuk adunan besar, kacau bersama yis, air suam, dan secubit gula. Biarkan ia berdiri selama lima minit untuk membenarkan yis membengkak dan larut.

b) Kacau dengan pantas dalam baki gula, madu, dan garam. Kemudian masukkan minyak, telur, kuning telur, dan kira-kira lima cawan tepung. Kacau menjadi jisim shaggy. Biarkan selama 10-20 minit supaya tepung meresap.

c) Uli doh, sama ada dengan tangan atau dengan cangkuk doh, tambahkan baki tepung mengikut keperluan untuk membuat doh yang lembut dan elastik (kira-kira 10-12 minit). Doh hendaklah meninggalkan bahagian tepi mangkuk. Jika melekat, masukkan sedikit tepung sehingga adunan lembut tetapi tidak melekat lagi.

d) Biarkan doh berada di atas papan yang ditaburkan sedikit tepung selama sepuluh minit, kemudian ratakan dan tekan kismis yang gemuk itu sekata mungkin ke dalam doh, lipat doh di atas kismis untuk "menyelitkan"nya.

e) Letakkan doh dalam mangkuk yang telah digris dan tutup dengan bungkus plastik yang telah digris dan tuala teh lembap atau tutup dengan tuala teh lembap dan letakkan keseluruhan mangkuk di dalam beg plastik yang besar. Biarkan doh mengembang di tempat yang bebas draf sehingga mengembang dua kali ganda dan kelihatan kembang, di mana-mana dari 45 hingga 90 minit.

f) Jika anda melakukan kenaikan semalaman, sejuk, letakkan doh dalam mangkuk besar yang digris sedikit dan masukkan ke dalam beg plastik yang besar. Sejukkan semalaman. Jika doh mengembang terlalu cepat, buka beg, kempiskan doh, dan tutup semula. Keesokan harinya, biarkan doh menjadi panas, kemudian perlahan-lahan kempis dan teruskan.

g) Bahagikan doh kepada dua. Untuk challah Tahun Baru 'faigele' atau berbentuk serban, bentuk setiap bahagian menjadi tali panjang (kira-kira 12-14 inci panjang) yang lebih tebal pada satu hujung dan gulungkannya, bermula dengan hujung yang lebih tebal dahulu, selitkan hujungnya di atas. untuk mengunci." Sebagai alternatif, bahagikan setiap bahagian doh kepada tiga tali, sekitar 14 inci panjang, dan buat jalinan challah tradisional.

h) Letakkan di atas loyang yang ditaburi tepung jagung. Dalam mangkuk kecil, pukul bersama bahan pencuci telur. Sapu roti dengan cucian telur dan taburkan bijan.

i) Biarkan roti mengembang sehingga kembang, lebih kurang 20-30 minit. Panaskan ketuhar hingga 400 darjah F.

j) Bakar roti selama 12 minit, kemudian kecilkan api kepada 350 darjah F dan bakar lagi 25 minit atau sehingga roti berwarna perang sekata.

93. Asam Challah

BAHAN-BAHAN:
- 1 cawan Sourdough Starter (sepatutnya pareve jika dihidangkan bersama daging)
- 1 cawan Air Sangat Suam
- 1 sudu besar Yis atau 1 pek Yis
- 1 sudu besar Madu
- 7 cawan Tepung Roti (atau lebih, gluten tinggi dengan sedikit tepung barli, atau tepung serba guna yang tidak diluntur)
- 2 sudu teh Garam
- 3 biji telur
- ¼ cawan Minyak Sayuran (anggaran)
- 1 kuning telur dicampur dengan 3 titik air (lebih kurang)
- Biji popi

ARAHAN:
a) Campurkan pemula doh, air, yis, dan madu. Biarkan ia menggelegak semasa anda bergerak ke langkah seterusnya.
b) Dalam mangkuk besar, campurkan 4 cawan tepung dan garam.
c) Buat perigi di tengah adunan tepung/garam dan masukkan telur dan minyak.
d) Tuangkan bancuhan yis yang berbuih dan kacau dengan senduk kayu atau dayung tebal.
e) Masukkan tepung sehingga adunan ditarik dari mangkuk. Ia tidak perlu licin dengan sempurna.
f) Taburkan tepung di atas kaunter atau papan menguli. Letakkan doh di tengah, kikis sebanyak mungkin dari mangkuk adunan. Basuh mangkuk untuk digunakan dalam langkah seterusnya.
g) Uli roti, masukkan tepung sehingga menjadi licin dan elastik. Teksturnya sepatutnya terasa seperti pantat bayi apabila ditepuk.
h) Letakkan doh dalam mangkuk adunan yang telah disapu minyak. Tutupnya dengan kertas lilin dan tuala teh, kemudian letakkan di tempat yang hangat untuk naik. Ia siap apabila anda boleh melihat kesan jari anda dalam doh selepas mencucuknya.
i) Keluarkan doh di atas kaunter dan tekan ke bawah untuk mengeluarkan gelembung udara yang besar. Jalinkannya

menjadi dua atau empat roti dan letakkan di atas kepingan biskut yang telah diminyaki. Biarkan mereka naik selama setengah jam lagi.

j) Panaskan ketuhar hingga 350°F (175°C). Sapu roti dengan campuran kuning telur dan taburkan secara bebas dengan biji popi. Bakar selama kira-kira setengah jam, putar dulang di dalam ketuhar. Roti harus berbunyi hampa apabila ditumbuk. Biarkan mereka sejuk.

94. Challah Tahun Baru

BAHAN-BAHAN:
- 1 cawan Kismis
- 1 cawan Air Mendidih
- 1 cawan Air Sejuk (untuk membuat mesin, gunakan air 100-105 darjah untuk kaedah konvensional)
- 1⅜ sudu teh Garam
- 1 sudu besar Gula
- 2 Telur Seluruh
- 2 biji kuning telur, dipukul
- ¼ cawan madu
- ¼ cawan Minyak Sayur
- 3 sudu teh Yis Segera atau Rapid-Rise atau Quick-Rise
- 3½ hingga 4 cawan Tepung Serbaguna
- 1 sudu kecil Minyak (untuk salutan peti sejuk)
- 2 sudu kecil Tepung Jagung
- 1 biji telur
- 1 Telur Kuning
- 2 sudu besar Bijan (jika suka)

CUCI TELUR:
- 1 biji telur
- 1 Telur Kuning

ARAHAN:
a) Letakkan kismis dalam mangkuk sederhana dan tuangkan air mendidih ke atasnya. Biarkan mereka gebu selama 2 minit. Toskan, lap kering, dan biarkan ia sejuk.

ARAHAN MESIN
b) Letakkan air sejuk, garam, gula, telur, kuning telur, madu, minyak, yis, dan 3 cawan tepung ke dalam kuali mesin atau mengikut susunan yang ditetapkan oleh pengilang.
c) Pasang mod atau program doh. Taburkan tepung tambahan apabila doh membentuk bebola dan kelihatan cukup basah untuk memanggil tepung yang tinggal. Sebelum menguli kedua, masukkan kismis. Mereka perlu ditambah sebaik sahaja doh terbentuk, tetapi dengan sedikit masa menguli yang tinggal untuk menggabungkannya.
d) Jika mesin anda tidak membenarkan ini, biarkan ia melengkapkan kitaran dohnya. Keluarkan ke papan yang ditaburkan tepung dan hanya tekan kismis masuk. Teruskan ke arah untuk membentuk roti. Lihat nota 2
e) Arahan konvensional Dalam mangkuk besar, campurkan air suam, garam, gula, dan madu. Taburkan dengan yis segera, cepat naik atau naik cepat. Pukul dalam telur, kuning, dan minyak sayuran. Pukul dalam 3 cawan tepung. Jika menggunakan pengadun elektrik, pasangkan cangkuk doh dan uli dengan pengadun atau dengan tangan selama 8-10 minit sehingga doh lembut dan elastik, tinggalkan bahagian tepi mangkuk. Jika doh melekat, masukkan sedikit tepung sehingga doh lembut dan tidak melekat lagi.
f) Taburkan permukaan kerja dengan baki ¼ cawan tepung. Biarkan doh berehat selama 10 minit di permukaan. Uli atau tekan kismis sekata mungkin, lipat doh di atas kismis untuk dimasukkan ke dalam. Tutup doh dengan tuala bersih yang lembap. Biarkan doh berehat selama 20 minit. Atau, jika membiarkannya naik semalaman, letakkannya dalam beg plastik besar yang telah diminyaki dan simpan dalam peti sejuk semalaman. Jika anda melihat roti mengembang, buka beg, kempiskan doh dan tutup semula. Keesokan harinya, tumbuk roti dan teruskan seperti berikut.

g) Untuk Membentuk Roti: Kerjakan pada lembaran pembakar yang ditutup dengan kerajang atau parchment dan ditaburkan dengan tepung jagung. Untuk jalinan tradisional, bahagikan doh kepada 3 batang kayu sepanjang 15 inci; untuk kalungan bunga, gunakan 3 kayu balak 18 inci; untuk serban, gunakan 2 batang kayu balak 18 inci 20% lebih tebal pada satu hujung berbanding hujung yang lain. Untuk jalinan, jalinkan 3 batang kayu, cubit hujungnya bersama-sama, dan selitkan di bawah. Untuk kalungan bulat, jalin dan bentukkannya menjadi bulatan. Cubit berakhir bersama-sama dan masukkannya ke dalam pusingan supaya ia tidak kelihatan. Untuk serban, bermula pada hujung yang lebih tebal, gulungkan roti menjadi bulat. Pada penghujungnya, cubit hujung dan selitkan ke bawah.
h) Dalam mangkuk kecil, campurkan bersama telur dan kuning untuk mencuci telur. Sapu roti dengan cucian telur. Biarkan ia mengembang selama 30-40 minit.
i) Sapu lagi dan taburkan dengan bijan, jika mahu.
j) Membakar: 15 minit sebelum membakar, panaskan ketuhar hingga 375°F (190°C). Bakar selama 30-35 minit sehingga keraknya berwarna perang elok dan berbunyi lompang apabila diketuk.

95. Challah yang disumbat

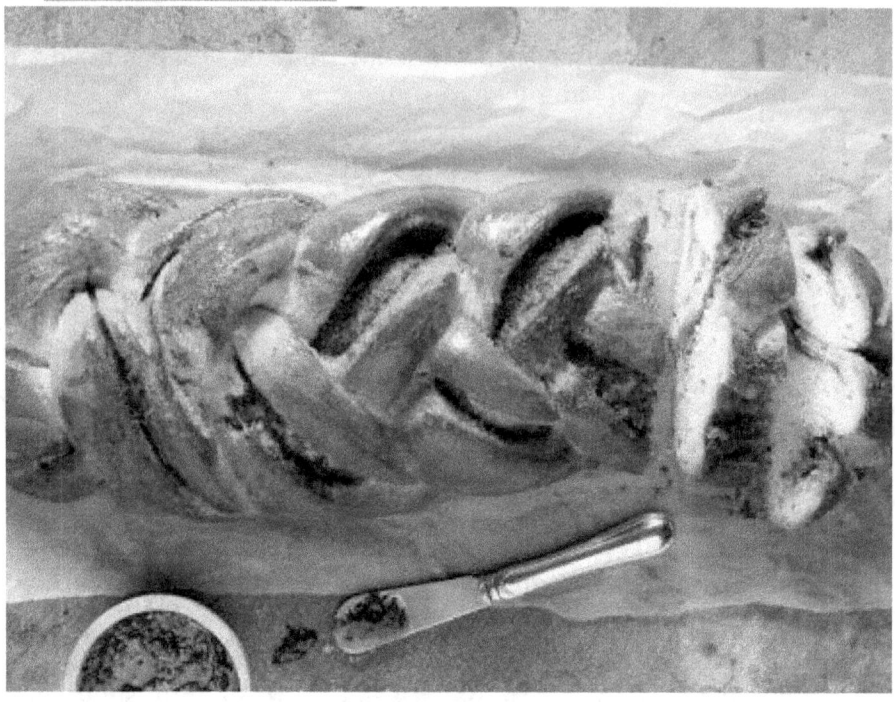

BAHAN-BAHAN:
- adunan challah
- Epal yang dipotong dadu
- Gula perang
- Kayu manis
- Basuh Telur
- Kayu Manis dan Gula untuk Taburan

ARAHAN:
a) Sediakan doh challah anda mengikut resipi pilihan anda.
b) Ratakan tali doh dan letakkan segaris nipis epal potong dadu yang telah di tumis dengan sedikit gula merah dan kayu manis. Pastikan adunan dikeringkan dengan baik untuk mengelakkannya daripada meleleh semasa dibakar.
c) Gulungkan setiap tali ke atas, sama seperti gulungan jeli, dan tutup kedua-dua hujungnya.
d) Jalin tali dengan berhati-hati.
e) Biarkan doh tocang mengembang lebih kurang 45 minit hingga sejam.
f) Panaskan ketuhar anda.
g) Sapu doh tocang dengan cucian telur.
h) Taburkan kayu manis dan gula di atasnya untuk menambah rasa.
i) Bakar mengikut arahan resipi challah anda sehingga challah berwarna perang keemasan dan berbunyi kosong apabila diketuk.

96. Sweet Challah

BAHAN-BAHAN:
- ½ cawan ditambah ¼ sudu teh Gula Pasir
- 2¼ cawan Air Suam
- 2 pek Yis Kering Aktif
- 10 cawan Tepung Roti Putih Tidak Diluntur, ditambah 1½ cawan lagi mengikut keperluan
- 1 sudu besar Garam Kasar atau Kosher
- 4 Telur Jumbo pada suhu bilik, dipukul, ditambah 1 Kuning Telur
- ½ cawan Minyak Kacang, tambah lagi untuk melincirkan kuali
- ½ cawan ditambah 1 sudu teh Madu, dibahagikan
- ½ cawan Kismis
- Biji popi

ARAHAN:
a) Larutkan ¼ sudu teh gula dalam air suam. Kacau dalam yis; ketepikan di tempat bebas draf untuk membuat bukti (kira-kira 10 minit).
b) Campurkan bersama 10 cawan tepung, garam, dan baki ½ cawan gula dalam mangkuk dengan tangan atau dalam pemproses makanan yang dilengkapi dengan bilah doh. Jika mengadun dengan tangan, buat perigi di tengah adunan tepung.
c) Masukkan 4 telur yang dipukul, ½ cawan minyak, ½ cawan madu, dan campuran yis kalis ke dalam mangkuk atau bekas pemproses makanan.
d) Gaul dan uli dengan tangan atau dengan bilah doh dalam pemproses makanan, tambah tepung tambahan sehingga doh membentuk bebola melekit dan menarik dari tepi.
e) Letakkan doh di atas papan tepung; terus menguli dengan tangan, masukkan tepung mengikut keperluan. Doh hendaklah melepuh selepas diuli, berasa lembap, dan sedikit melekit tetapi tidak melekat pada papan atau jari.
f) Letakkan doh dalam mangkuk minyak; tutup dengan kain dapur yang lembap. Ketepikan di tempat bebas draf untuk naik selama 2½ hingga 3 jam, sehingga dua kali ganda secara pukal.

g) Uji doh dengan menolaknya dengan jari anda. Jika ia tidak kembali, ia sedia untuk menguli kedua. Tumbuk doh dan taburkan kismis. Uli dalam kismis.
h) Letakkan doh dalam kuali yang telah disapu minyak, tutup dengan kain lembap, dan biarkan ia naik semula selama 1 hingga 1½ jam, sehingga dua kali ganda secara pukal.
i) Bahagikan doh kepada 4 bahagian sama banyak. Bahagikan setiap 4 bahagian kepada 3 bahagian yang sama banyak. Gulungkan setiap helai ke dalam tali sekurang-kurangnya 24 inci panjang, dengan hujung yang lebih nipis.
j) Cubit tiga helai pada satu hujung, kemudian jalinkan tiga helai bersama-sama. Gulung jalinan menjadi gegelung bermula di bahagian atas lingkaran.
k) Letakkan roti di atas kepingan biskut atau kuali cetek; tutup dengan kain dapur yang lembap. Biarkan roti mengembang selama kira-kira 35 hingga 45 minit, sehingga saiznya dua kali ganda.
l) Buat cucian telur dengan menggabungkan kuning telur, baki 1 sudu teh madu, dan 1 sudu air sejuk. Sapu basuh telur ke atas setiap roti. Taburkan dengan biji popia.
m) Bakar dalam ketuhar 350 darjah yang telah dipanaskan selama 35 hingga 45 minit. Roti siap apabila ia berwarna perang keemasan dan bunyi berongga apabila diketuk di bahagian bawah.
n) Sejukkan pada rak dawai sebelum dihidangkan.

97. Sangat Mentega Challah

BAHAN-BAHAN:
- 2½ batang Mentega, cair
- 2 bungkus Yis
- 2 cawan Air Suam
- 7 cawan Tepung, tidak diluntur
- 4 sudu teh Garam
- 3 biji telur, dipukul
- ½ cawan Gula
- 2 biji telur, dipukul
- Biji Popi (pilihan)
- Biji Bijan (pilihan)

ARAHAN:
a) Larutkan yis dalam air suam.
b) Dalam mangkuk besar, pukul 3 biji telur. Masukkan garam, gula, yis terlarut, dan mentega cair ke dalam adunan telur.
c) Masukkan 4 cawan tepung sekali gus. Teruskan menambah 3 cawan lagi tepung sehingga doh menjadi konsisten lembut.
d) Uli doh di atas papan bertepung sehingga tidak lagi melekit dan kenyal apabila disentuh.
e) Letakkan doh dalam mangkuk adunan yang telah digris dan tutup dengan tuala. Biarkan ia mengembang selama 1½ jam atau sehingga naik dua kali ganda secara pukal.
f) Tumbuk doh, uli sedikit dan bahagikan kepada 6 bahagian. Gulung setiap bahagian dengan tangan anda untuk membentuk tali yang panjang dan kurus.
g) Jalin 3 tali, cubit hujungnya. Ulangi proses dengan 3 tali yang lain.
h) Letakkan setiap roti jalinan di atas helaian biskutnya yang telah digris, tutup dengan tuala, dan biarkan ia mengembang selama kira-kira sejam atau sehingga naik dua kali ganda secara pukal.
i) Panaskan ketuhar hingga 350°F.
j) Sapu roti dengan 2 biji telur yang telah dipukul dan taburkan dengan biji popia atau bijan jika mahu.
k) Bakar dalam ketuhar yang telah dipanaskan selama kira-kira 45 minit atau sehingga roti berwarna perang keemasan.

98. Air Challah

BAHAN-BAHAN:
- 2 bungkus Yis
- 1 sudu teh Gula
- 2¼ cawan Air Suam
- 8 hingga 9 cawan Tepung Diayak
- 1/3 hingga 1/2 cawan Gula
- 1/3 cawan Minyak
- 1 sudu besar ditambah 1 sudu teh Garam
- 2 sudu teh Cuka

ARAHAN:

a) Larutkan yis dan satu sudu teh gula dalam ½ cawan air suam. Biarkan selama 5 minit sehingga ia berbuih.

b) Dalam mangkuk adunan, satukan 4 cawan tepung, campuran yis, dan bahan-bahan yang tinggal. Pukul selama kira-kira 3 minit.

c) Pukul dalam baki tepung, 1 cawan pada satu masa, uli dalam cawan terakhir dengan tangan atau dengan cangkuk roti selama kira-kira 10 minit. Pastikan doh diuli dengan baik untuk tekstur yang licin.

d) Letakkan doh dalam mangkuk yang telah digris, putar, tutup, dan biarkan ia mengembang di tempat yang hangat sehingga dua kali ganda, kira-kira 1½ hingga 2 jam.

e) Tumbuk doh dan tocang menjadi 3 challah. Anda boleh membahagikan doh untuk membuat challah yang lebih kecil jika dikehendaki.

f) Tutup challah yang dijalin dengan kain lembap dan biarkan ia mengembang dua kali ganda, kira-kira 1 jam. Perhatikan mereka semasa anda menghampiri penghujung masa yang semakin meningkat.

g) Sapu challahs dengan telur yang dipukul dan taburkan dengan biji jika mahu (pilihan).

h) Bakar dalam ketuhar 345°F yang telah dipanaskan terlebih dahulu selama 45 minit. The challahs dilakukan apabila mereka membuat bunyi kosong apabila diketuk di bahagian bawah.

99.Chocolate Swirl Challah

BAHAN-BAHAN:
- 4 cawan tepung serba guna
- 1/2 cawan gula
- 1 sudu teh garam
- 1 paket yis kering aktif (kira-kira 2 1/4 sudu teh)
- 1 cawan air suam (110°F/43°C)
- 1/4 cawan minyak sayuran
- 2 biji telur besar
- 1/2 cawan serbuk koko
- 1/2 cawan cip coklat (separa manis)

ARAHAN:
a) Dalam mangkuk besar, campurkan air suam, gula dan yis. Biarkan selama 5-10 minit sehingga berbuih.
b) Masukkan minyak dan telur ke dalam adunan yis, kacau rata.
c) Dalam mangkuk yang berasingan, satukan tepung dan garam. Masukkan campuran ini secara beransur-ansur ke dalam bahan basah, kacau berterusan sehingga menjadi doh.
d) Bahagikan doh kepada dua bahagian. Dalam satu bahagian, uli dalam serbuk koko sehingga sebati.
e) Letakkan kedua-dua bahagian doh dalam mangkuk berasingan yang telah digris, tutupnya, dan biarkan ia mengembang selama kira-kira 1-1.5 jam, atau sehingga dua kali ganda saiznya.
f) Panaskan ketuhar anda hingga 350°F (175°C).
g) Canai setiap bahagian doh menjadi segi empat tepat. Letakkan doh coklat di atas doh biasa dan taburkan cip coklat secara rata.
h) Gulungkan doh dengan ketat ke dalam log dan kemudian tocang seperti yang anda lakukan dengan challah tradisional.
i) Letakkan roti jalinan di atas loyang yang dialas dengan kertas parchment. Biarkan ia mengembang selama 30 minit tambahan.
j) Bakar selama 25-30 minit atau sehingga challah berwarna perang keemasan. Biarkan ia sejuk sebelum dihiris.

100. Herba Sedap dan Cheese Challah

BAHAN-BAHAN:
- 4 cawan tepung roti
- 1 sudu besar gula
- 1 sudu teh garam
- 1 paket yis kering aktif (kira-kira 2 1/4 sudu teh)
- 1 cawan air suam (110°F/43°C)
- 1/4 cawan minyak zaitun
- 2 biji telur besar
- 1 cawan keju Parmesan atau Pecorino parut
- 2 sudu besar herba segar (seperti rosemary, thyme, dan oregano), dicincang halus

ARAHAN:
a) Dalam mangkuk besar, campurkan air suam, gula dan yis. Biarkan selama 5-10 minit sehingga berbuih.
b) Masukkan minyak dan telur ke dalam adunan yis, kacau rata.
c) Dalam mangkuk yang berasingan, satukan tepung dan garam. Masukkan campuran ini secara beransur-ansur ke dalam bahan basah, kacau berterusan sehingga menjadi doh.
d) Bahagikan doh kepada dua bahagian. Dalam satu bahagian, uli dalam serbuk koko sehingga sebati.
e) Masukkan keju parut dan herba cincang ke dalam doh, uli sehingga sebati.
f) Panaskan ketuhar anda hingga 350°F (175°C).
g) Canai setiap bahagian doh menjadi segi empat tepat. Letakkan doh coklat di atas doh biasa dan taburkan cip coklat secara rata.
h) Gulungkan doh dengan ketat ke dalam log dan kemudian tocang seperti yang anda lakukan dengan challah tradisional.
i) Letakkan roti jalinan di atas loyang yang dialas dengan kertas parchment. Biarkan ia mengembang selama 30 minit tambahan.
j) Bakar selama 25-30 minit atau sehingga challah berwarna perang keemasan. Biarkan ia sejuk sebelum dihiris.

KESIMPULAN

Semasa kami mengakhiri penerokaan kami melalui "Buku Panduan Brioche Terbaik," kami berharap anda telah menerima seni membakar brioche yang sempurna setiap kali. Setiap resipi dalam halaman ini adalah bukti kegembiraan, ketepatan dan kemahiran yang mentakrifkan dunia brioche. Sama ada anda kagum dengan lapisan lazat brioche berpusing kayu manis atau menikmati kesederhanaan gulungan brioche klasik, kami percaya bahawa buku panduan ini telah memperkasakan anda untuk mencipta brioche berkualiti bakeri dalam keselesaan dapur anda sendiri.

Di luar bahan dan teknik, semoga kepuasan menarik brioche keemasan dan wangi dari ketuhar anda menjadi sumber kebanggaan dan kegembiraan. Sambil anda terus mengasah kemahiran membakar anda, semoga "Buku Panduan Brioche Terbaik" menjadi sumber anda untuk variasi yang lazat, kelainan yang inovatif dan keseronokan abadi berkongsi brioch yang baru dibakar dengan rakan dan keluarga.

Inilah seni membakar brioche, keajaiban doh berlamina sempurna, dan detik-detik kegembiraan yang tidak terkira yang menanti anda dalam perjalanan masakan anda. Semoga dapur anda dipenuhi dengan aroma kejayaan yang manis sambil anda menguasai seni membakar brioche yang sempurna setiap masa!

www.ingramcontent.com/pod-product-compliance
Lightning Source LLC
Chambersburg PA
CBHW071312110526
44591CB00010B/864